U0505764

穿墙而过

一个个体投资者的思想世界

吴晓群 著

上海三联书店

目录

故事的开头

2018年春季学期，我应复旦人文智慧课堂之邀，在周末给一批商界人士上一门经典导读课。对于此类课程，想必学界的许多同仁都接触过，即俗称的"老板班""总裁班"。这可看作是高校文科学者与商界结合、各取所需的一种知识付费模式，它既能满足那些有了点闲钱且小有成就的商界人士快速提升自己的文化品位和格调的要求，又能满足他们借此以学会友、结交各路人马、拓展商圈、实现资本有机嫁接的渴望；而对于我们这些无法将自己的专业能力转换成生产力、无法直接与企业或商家接轨，即无法将自己多年所学转变为可改善生活之工具的文科教授们，这也算是一种既不失身份又能多少贴补些家用的赚外快方式。

我要讲授的经典是西方历史之父希罗多德（Herodotus) 的《历史》(*The Histories*)，两天的课程、每天六小时。在我看来，这样的时间安排，其实远不足以将一本经典真正地讲深讲透，而且，那些听众是否能听明白或感兴趣我所讲的内容，也是一个未知数。不过，我并不介意，我依然按照自己的讲授节奏展开：先做一个长篇的方法论反思，讨论如何读书的问题；接下来是从词源学的角度，讲解"历史"(History) 一词从古希腊文 *historia* (ἱστορίης，意为"探究") 发展而来的过程；再接下去是关于希罗多德与荷马的异同之处、《历史》中的"插话"与"插话中的插话"、"记忆史学"与"文献史学"、口述传统与公众记忆、《历史》章节析读，等等。

第一天的上课情形如同以往一样，我的老板学员们大多数在听得懂时，抬头看我；听到枯燥处，低头看手机。其间，讲者与听者的交流不多。第二天的课，为了增加趣味性，我讲了些故事，提了几个问题，有几个学员跟我互动，其中一个四十岁左右的中年人回应了我几次，他说话时稍有点拘谨，但条理清晰且逻辑完整。下课后，我收拾书本走人，那中年人追上来与我攀谈，其间说了一句："老师，我觉得，你做的其实和我做的是同一件事情。"

略有些吃惊，我问道："先生，您做什么工作的？"

答："炒股。"

我呵呵一乐，失笑之余，想他这样说不过是出于礼貌或调侃罢了，于是，也不失礼貌和调侃地反问："希罗多德能指导炒股?"

他稍有些窘色地笑了笑："当然不是的。"

随后，他又急急地向我解释他的学习心得："我是觉得您讲希罗多德的方式很有意思，您说希罗多德是个讲故事的人，而讲故事的背后蕴含着智慧；您告诉我们，不要只看到文本表面呈现出来的一些形式，还要试图站在作者的角度去理解他真正的意图和方法；您提醒我们，不要用今人的眼光去看待古人，要学习将古人的思想平等地视作一种可以为今天所借鉴的精神资源；您还让我们在阅读时要注意，希罗多德的历史背景，和那个时代中的其他思想家在想什么，因为他的著作很可能就是他对那个时代那些人的问题的回答……"

我点头，心想总算没白讲，至少还有一个人认真听进去了一些东西。正准备听他继续说下去，他却话锋一转："这就像我炒股，不能只看一天或一个星期的行情，也不能只专注一只股票在市面上的情况，还要考查那个企业长期的发展、不同行业间的竞争、国家的政策导向等等。所以，其实我不像其他股票分析师那样，每天画股票交易的曲线。我觉得那没多大意思，市场的短期表现，有时候可能是非理性的，或者我们应该说，它是由多种因素决定的，光看表面的波动，并不能帮助我更好地投资……"

说着他的炒股经，中年人一路跟我到了办公室。又坐了半个多小时，他说了许多我不懂得、也并不想去懂得的经济问题和股票知识。

末了，他说："我喜欢和有趣的人交朋友。"

我正迷惑于自己对于一个炒股人的有趣之处何在，他又补充道："我所说的有趣，是指思想方法上的。"

我笑笑，冲他挥手说："再见。"

之后，这位先生又和我聊过几次，从那些谈话中，我知道了一些有关股市的术语和名词。不过，我觉得那些与自己没什么关系，因为我并不想炒股。其间我倒是发现，他才是一个真正有趣的人，且有趣之处就在他的思维方式上。他，一个股票市场上的个体投资者，也就是我们通常所说的散户，却在与我的聊天中频频运用他在各类老板班上听来或他自己读过的一些名人名著的话语为他的投资作注。他那种生吞活剥式的理解、随意地将各种思想进行嫁接的思维方式，完全不顾在学者们看来必不可少的学术背景和知识体系，听上去很有穿越感，但却似乎也是顺理成章、逻辑自洽的，而且他的表达清晰，不时还带点自嘲。和他接触越多，我越对他感兴趣。

终于，十月中旬的一天，他对我说："您看，我投资的是一个处于大工业化边缘的养猪企业，现在正处于猪瘟还没有过去、贸易战又在步步升级的过程中，作为一个投资者，我应该如何来判断我的投资是可靠的？如何能够确定我不会崩盘？并且还能够获得超额利益？许倬云说……"听到此话的那一刻，我突然有一种冲动：要为他写一本书。因为他提到许倬云时是如此地自然，就像提到一位在他的行业里众所周知的股票经纪人，或某个如马云一样成功的商人那样。我实在是太想弄明白，作为当代专治中国上古史、中国文化史以及中国古代社会经济史的著名历史学家许倬云先生，是如何对一个炒股散户的养猪业投资思路产生影响的。

鉴于他始终如一的低调和对于我将我们之间对话整理成书的不以为然，在书中，我也就避其名讳，索性叫他"诸葛无名"。同时，为了避免有替商家打广告的嫌疑，就将他提及的养猪企业戏称作"猪倌"吧。

诸葛无名是一个业余时间穿梭于各种老板班和名家讲座之间的炒股人，他将自己听来的各大思想家的片言只语创造性地组合在一起，在不同的思想之间建立起关联，最后，这些貌似零散的精神资源都成了他人生思考及投资决策的有机组成部分。

从外表上看，诸葛无名是一个很容易消失在人海中的人，他中等身材、相貌正常、衣着普通，手上除了经常拿着一瓶矿泉水以外，甚至连个包都不带。但我却感觉，他像一个武林高手似的，化各门各派的招式于无形之中，以指为剑，捏草为棍，最终练成了穿墙而过的功夫，自由地游走于各种思想之间，既对那些伟大的思想始终保持敬意，同时也保持着距离。他仿佛只是在观摩、享受着思想的过程，又好像有着一种"为学日益，为道日损"[1]的架势。

而我也在与他闲适的交谈中，换了一种心情，去尝试体会一种非学院式的思考。

我对诸葛无名的描述，几乎全部来自和他的谈话内容，这是我得以探寻其精神世界的一手资料，但其真实性并不是我关注的核心所在，我的兴趣在于他讲述中所传递或透露出来的思想信息和思维过程。

除此之外，我在书中为诸葛无名讲述时含糊引用之话语做了一些注释，这既是为了追踪其思想来源，也是为了呈现他的个人理解与学术性诠释之间的张力。

为了将他的谈话更加富有逻辑地串起来，我还参考了各种数据、报表、调查报告、图片和新闻报道，但这些客观材料并没有完全直白地使用于叙事之中，更不代表本书的观点或本人对股票市场的预测，只是作为诸葛无名对其

---

1 老子：《道德经》第四十八章。意为学问靠积累，求道则要懂舍弃。南怀瑾说："一般人多半都在为学未益、为道未损的情况下，提也提不起，放也放不下，就那样过了一生。这就是我们读了《老子》以后，自己应该反省的地方。"参见南怀瑾：《老子他说》，复旦大学出版社，2002年。

投资判断的佐证。

关于这本小书的定位，我的想法不是把它局限在"大历史小人物"的格局中，讲述在宏大、静止、冰冷的历史背景下，一个生动鲜活的人的故事；更不是要给诸葛无名写一部传记、展现一个商界成功者的个案；读者也不要指望这会是一本贩卖成功学的畅销书，因为很可能有人读了之后会更加困惑、迷茫，甚至完全不得要领。

这本书于我个人而言，首先是一个尝试，是一场对于一种新的学术写作、理论思考以及方法论的实验，它最大的意义就在于"好玩"，也可以说这是一场思想的游戏。将学术的思考与活生生的人联系在一起并触及当下的社会，这对于一个史家而言，究竟是不务正业还是题中之义，回答自然是见仁见智的。但无可否认的是，面对繁杂剧变的时代，每个人都应该思考并直面它。或许用故事凝视时代也是史家的职责之一，希望能够不拘于学院学术之限制，以简易之笔展现史学的智性关照。

于我和诸葛无名而言，这更像是一场跨界的"智力活动"（intellection）[1]。它打破了我们各自的职业分工和社会角色所赋予的身份设定。通常，"身份"既是指一个人

1　该词汇主要有两方面的含义：一是"智力活动"、"思维"、"思考"，二是"想法"、"主意"。参见胡壮麟主编：《新世纪英汉词典》，哈珀·柯林斯出版公司，外语教学与研究出版社，2018年，第878页。

的自然出身，也包含其社会角色和职业分工，更暗指其背后可能拥有的资源、地位和权力等等，它对人的作用在心理层面会凝成一种情结。许多时候，社会成员的生存资源也会依据其身份及身份之间的关系进行配置。

总之，身份是社会生活中的一种标签，如同游戏中的砝码一样。然而，当我们不囿于身份，剥离掉这些外在的设定，各自还原为真正意义上的人时，思想的行为是表明我们不仅活着而且有别于动物的一种本质性活动。

因此，在这本书的完成过程中，我更倾向于把它放在"思想"或"智识"这个理念下进行。

虽然，诸葛无名关于投资的许多话语对于商界人士而言，只是一些常识性的知识和观点，并不十分新颖。然而，他最吸引我的地方在于，他以那些思想大师所阐发之观念而产生的关于心与物、个体与社会、思想与金钱的思考。我想从他对于各种知识的反思中，找寻出那些在学者们听来可能有些不伦不类，对他自己来说却又仿佛顺理成章的内在逻辑和带有一般性及普遍性思考的价值所在。

因此，书中的主体内容，虽是由一些具体时空中所截取的某些特定并富有意味的对话和小故事构成的，但标题却是概念性的。换言之，我以一些对诸葛无名来说比较重要的思想线索，来讲述他的行进和选择。这或许也可视作是对这个时代的中产阶层在面对种种剧变时，渴望拥有某种智慧或启示所做之努力在思想层面的一种观察。作为当代社会的一个切片，我希望通过重构和讲述诸葛无名的故事，理解他的思想根源与行为逻辑，并找寻作为一种会思想的生物——人——之存在的意义，哪怕只是个体存在的意义。

2018 年的最后一天，当我写下"一个个体投资者的思想世界"这个书名时，无由来地想起，前一日申城漫天飘舞的雪花。雪花之美，乍看是简单而普通的，但在特定的气候和水分条件下成形之后，每一颗微小的冰晶，都拥有人类肉眼几乎看不见的六角形结构。那一片片自然而又繁复精细的形状，组合在一起，构成了大自然的美景，就如同每个时代、每个社会中的众生，他们每个人虽然都普通如一朵雪花、一粒沙尘、一棵小草，但他们的思想和行为，却终将汇集成人类历史的潮流，沉淀为思想的结晶。

在我的理解中，于史家而言，对他们的研究和观察，其意义或许也就在于如法国历史学家菲斯泰尔·德·古朗士（Numa Denis Fustel de Coulanges）所说："历史并非只研究事件和制度，它真正的研究对象应是人类的心灵；历史应该是要了解不同时期人类头脑中的所思所想、所信所感。"[1]

1　[法]菲斯泰尔·德·古朗士：《古代城市：希腊罗马宗教、法律及制度研究》，吴晓群译，上海人民出版社，2006 年，第 9 页。

希罗多德曾将自己视为一个讲故事的人，我也始终相信历史学本身就是一门讲故事的学问。有历史学家曾说过："故事在历史研究中的意义可能被体现在故事本身，也可能远远超越那个故事的意义本身……历史学的提问在本质上应当是意义的提问。是对意义的追寻本身使我们选择这些事实，是意义赋予故事以生命力。"[1] 只不过，与讲述过去的故事不同，我现在要讲述的是一个当下还在进行中的故事。

吴晓群

2020 年 1 月 18 日于上海

1　姚大力：《"故事"在历史研究中的意义》，载《书城》2014 年 6 月号（第 97 期），第 40、48 页。

一、赚钱：作为一种理想的价值正当性

在当今的互联网时代，如果你在网上输入关键词"赚钱"，并加以搜索，一定会冒出若干平台、App和软件，更会有许多人告诉你各种快速赚钱的捷径、方法或门路。可以说，今天的中国人早已毫不掩饰对金钱的渴望、对财富的向往，赚钱与人生的追求和理想也直接联系在了一起。财务自由，成为许多人想要实现的人生梦想。

而在各种赚钱的行当里，炒股似乎是最直接快捷的方式了，小有资金就能进入。虽然，中国的股票市场从无到有，其间的发展不到三十年的时间。[1] 然而，如今，个人

---

1 中国证券金融股份有限公司党委书记、董事长聂庆平在《中国证券》2018年第12期"改革开放四十周年暨资本市场28周年"专刊发表《我国股票市场若干重要事件的历史回忆》一文称："今年是我国改革开放40周年和资本市场建立28周年。1990年9月报经党中央、国务院同意，中国人民银行正式批复上海证券交易所成立，这是我国实行改革开放后建立股票市场的（转下页）

炒股已十分普遍，被俗称为"散户"或"股民"。

在《新编经济金融词典》中，对个人投资（House-hold Investment）的定义是："以个人为主体的投资。具有范围广、投资数额小、灵活性大等特点。随着我国经济体制的转轨和单一所有制的改变，个人的投资行为将日益发展。个人投资包括独资或合资开办工业、经营商业、服务业等的实业投资和购买股票与债券等金融资产的证券投资。"

"个体投资者"（Individual Investor）与"散户"同义："亦称'股民'，或称'个人投资者'。通过证券公司为自己购买证券进行投资的人。散户只能为自己服务，没有任何中介职能，不能为其他投资者服务。"[1]

诸葛无名便是这样一个"只为自己服务"的散户，但他却眼神坚定地对我说："我始终觉得人是需要追求一点意义的。"说这话时，他丝毫没有为个人小利而博所可能产生的微小感和无意义感。

其实，所谓"意义"就是人赋予各种事物和行为的价值含义。怎样的人生才算是有意义的？这大概需要我们终

（接上页）里程碑。1991 年 7 月中国人民银行又正式批复深圳证券交易所成立，沪深两地证券交易所的设立，开启了我国资本市场改革开放的伟大征程。"参见：http://news.cnstock.com/news，yw-201901-4321157.htm

[1] 杨明基主编：《新编经济金融词典》，中国金融出版社，2015 年，第 229、711 页。

其一生去思索。而每个人与生俱来的躯体都是空洞的，你往里面填什么，它就是什么。

诸葛无名说，他投资的那个猪倌有上万员工，他们需要工作，用以养家糊口、供孩子读书、为父母送终，"他们工作都很努力，我持有他们公司的股票，那也算是我帮到了他们一点"。由此，他将自己的炒股行为上升到了一个利他的高度。他还总结道："我是活得很形而下，但我的想法是形而上的。这些形而上的想法也会让我自己活得更明白一些。"

记得写作中国首部关于投资哲学著作的刘军宁曾说："财富的形成固然离不开勤劳、节俭，但是在根本上，财富是观念的产物，是人的思考能力的产物。"[1]的确，在当今社会，如何进行长期的资金配置与运用，已成为个人投资理财领域中最重要的话题，而将财富管理与精神追求结合在一起，更是赋予了"赚钱"这个行为一种价值正当性。

其实，在我与诸葛无名每一次对话发生的场景中，这都是他想要讨论的核心问题。他也曾不止一次毫不犹豫地说："赚钱这件事，它肯定不过是一个表面追求的目的，或者说只是一个果而已。"

那么，因会是什么呢？他慢悠悠地，仿佛是在自问自

---

1 刘军宁：《投资哲学：保守主义的智慧之灯》，中信出版集团，2015年，第11页。

答："因是什么呢？是决定。决定赚钱的正当性一定是在因上。你问因是什么？因就是你的所做所为是惠及了周围的人，而不是损害了他们。"

诸葛无名觉得他买猪倌的股票，是一种惠及他人的行为，是有其价值正当性的。估计这话会让学过《资本论》的人觉得，听上去有点像是资本家以为给工人工作的机会，就不算剥削的强盗逻辑，甚至还有点往自己脸上贴金的嫌疑。不过，显然，他直接选择了无视这种书本上给出的答案。

当然，在一种群体性的社会生活之中，真正能够长久的做事原则一定是要惠及他人，也惠及自己的。如同大雁飞行时，往往会排成"人"字行，这样，每只大雁的翅膀扇动时产生的气流能形成意想不到的推力和浮力，凭借着这股巨大的气流，每只大雁都可以更加轻松快速地向前飞行。

有学而无思

诸葛无名把身体缩回到椅子里，换了一个舒服的姿势，继续说道："如果只是为了赚钱而赚钱，这件事就没有意义了。因为钱本身就只是一个符号，如果人只是在这些符号里空转，无论大小、无论多少，它都是没有意义的。"

"记得以前听过吴晓明教授[1]的一个讲座，他提到外部思考的问题。原话我记不清了，我的感觉是，他说的外部世界，意思可能就是指意义的空转吧——当然，可能我的理解和他的原意不太一样。但对我来说，反正如果只是为赚钱而赚钱，说白了，那也就是像一个外部世界的空转一样，没有意义。"

"所以……，不然……"——他似乎并没有想好"所以"是什么，"不然"会怎样，于是，便就此打住了。

诸葛无名在此提到吴晓明所说的"外部思考"，这恐怕既是他对吴晓明讲座原意的一种大胆延伸，也是他自我理解后的一种内化反应。

吴晓明曾在各种讲座中多次提及，他对黑格尔"外部反思"的中国化理解。比如2017年11月16日，在中国人民大学马克思主义学院主办的"马克思主义理论前沿论坛"第18期中，吴晓明主讲"论中国学术的自我主张"。他认为，中国的现代化任务要求对外学习，中国学术处在"学徒"状态有其必然性和必要性。但是，"学徒"状态就

---

1 吴晓明，复旦大学哲学学院教授、博士生导师。研究领域：马克思主义哲学史、科学哲学和比较哲学，目前特别致力于研究马克思哲学的当代意义和本体论问题。主要著作：《思入时代的深处》、《形而上学的没落》、《马克思早期思想的逻辑发展》、《科学与社会》、《历史唯物主义的主体概念》等。

其自身而言是具有局限性的，主要表现为"学徒"状态具有极强的依赖性和因循性。这在思维方式上，则具体表现为黑格尔所说的"外部反思"。

外部反思表现为一种忽此忽彼的推理能力，它不知道如何深入特定的内容之中，而仅仅知道把一般的抽象原则运用到任何内容之上。通俗地说，外部反思就是教条主义、本本主义和形式主义。吴晓明还指出，外部反思最基本的特征是"有学而无思"，他认为，这种以有学而无思为特征的外部反思是我们今天思想和学术进展的最大障碍。

显然，诸葛无名的理解与吴晓明讲座的主旨并不契合，但他又的确从中受到了启发。那就是不能"有学而无思"，更需要凡事有"自我的主张"。

因为，对于他而言，种种的外部反思可能都仅仅是一般原则，如果不了解每一只股票的实体性内容，就把专家所说的一般性原则运用到实际的操作之中，那肯定就会出问题。在他的思考里面，他将吴晓明呼吁的要将今天的中国学术从外部反思中摆脱出来，上升到更高的反思阶段的说法（即黑格尔所说的"思辨的反思"，要进入到社会现实中，进入到实体性的内容中），融汇在自身炒股的实践中，从而获得了"他的"自我主张。

他将哲学家关于精神世界的反思与商业行为中的"空

转"[1]结合在一起，这种貌似风马牛不相及的思想嫁接，在这里却显得很切题。因为，他特指那些为赚钱而赚钱的人，认为就算他们在具体行为之前是有所思考的，但他们的思考也是被动的、低效的，是没有经过自己大脑认真思考的。这在诸葛无名看来，从某种程度上说，就不能算作是真正意义上的思考，只不过是人云亦云罢了。因为真正的思考是要透过现象，分析原因，找到解决办法，并将其提升到某种思想的高度，这样才是有价值的。停留在表面的思考，要么是徒增烦恼，要么是肤浅表面。

然而，现实生活中的确不乏有很多人就是为了赚钱而赚钱的，难道不是吗？

"那——，那些人就是没想明白呗。"对此，他简单作答。

我想起，2017年，网上流传一段视频，马云说："不管你们信不信，我从1999年到现在，没有一个月拿过工资，从来没有碰过钱，我对钱没有兴趣。"该视频在网络上掀起种种热议，不时就会被人们翻出来。网友对此的评

---

1 即指没有实际意义的资金循环过程。比如企业本来没有创造利润，但为了制造利润增加的假象，虚报利润数，根据这个虚报的数字企业向银行或其他融资机构贷款，缴给地方税务局、财政局。然后，再通过各种渠道把上缴的贷款（即名义上的"税收"）返还给企业。有的企业，甚至再把贷款又还给了银行或融资机构。在这个过程中，尽管没产生任何经济效益，但完成了一个虚拟意义上的资金循环，此之谓"空转"。

价，普遍都认为马云是在"一本正经地胡说八道"。换言之，其实，大部分人是觉得马云挺能装的，而他们不会这样说。因为他们还很穷，还需要去拼命赚钱。

诸葛无名仿佛看穿了我的潜台词，他语气温和地说："这不是装。我相信马云是很真诚地这样说的。"

我急急地插话："但人家会说……"

不料想，没等我说完，他竟以少有的敏捷抢过话头："人家会说，你不是马云，你怎么知道他是不是真诚？人家还会说，就算马云是真诚的，那也是因为他已经赚到了足够多的钱。所以，他们会觉得马云是站着说话不腰疼。"

我冲他点点头："你都知道。"

然而，他却并不接茬，而是话锋一转："但是，其实，你看，这就是心与物的关系。如果一个人心性够好，外在的荣辱呀、各种闲话呀，各方面对他都没什么影响。也就是说，人不一定得赚够了钱，心才能平静。"

随即，又重复了一遍："我觉得不一定是要赚够了钱，心才能够平静。"

接着补充道："不过，在这样物化的社会里面，要达到那种状态，需要比较高的修为。对我这样的普遍人而言，可能心和物相互交替地螺旋式前行是一种相对现实的方法。也就是说，我们的内心与外在的物相互适应着，螺旋交替地前进可能是一种更为合适的道路。"

因为他说了两遍，我向他求证："你说的是螺旋式交替吗？"

他肯定地回答："嗯，这个词对我来说是一个相对细腻的表达。"

对于现代人如何才能达至心与物之间的平衡，这恐怕是一个很难回答的问题。而我当时更想知道，他是在赚钱赚到哪个数字时才有这种想法的？

诸葛无名耐心地解释道："它不是数字的问题，这个事从一开始就不是一个数字的问题。"

"欲望"与"无聊"

问："那是什么问题？"

他答非所问地回应道："叔本华不是说过这样的话吗？他说，人就是在无聊和欲望之间来回地摇摆。当你满足了欲望就变得无聊了，于是又重新再来一轮。"

叔本华著名的钟摆理论："人生是在痛苦和无聊之间像钟摆一样的来回摆动着；事实上痛苦和无聊两者也就是人生的两种最后成分。……在人们把一切痛苦和折磨都认为是地狱之后，给天堂留下来的除闲着无聊之外就再也没有什么了。……任何人生都是在欲求和达到欲求之间消逝的。愿望在其本性上便是痛苦。愿望的达到又很快地产生饱和。目标只是如同虚设：占有一物便使一物失去刺激：于是愿望、需求又在新的姿态下卷土重来。要不然，寂寞、空虚、无聊又随之而起；而和这些东西作斗争，其痛苦并无减于和困乏作斗争。——［只有］愿望和满足相交替，间隔不太长亦不太短，把两者各自产生的痛苦缩小到最低限，［才］构成最幸福的生活过程。"[1]

他继续说："在我这里，我把钱理解为物，把想获取外物的过程看作是心。在这个过程中，我想给自己安排一条相对现实的道路，那就是，我一开始对物的设定既不能好高骛远不切实际，又不能过于轻而易举就能得到，一定要设立一个切实可行的目标。这样一轮下来，我在获得物的过程中，心和物之间就有了一个相互的交融。"

诸葛无名提到了叔本华，但他可能并不是很清楚阿图尔·叔本华（Arthur Schopenhaurt，1788—1860）在西方哲学史上是素以反理性主义的唯意志论和悲观主义的人生观著称的德国哲学家，但诸葛无名却从其钟摆理论中看到的是，为了避免在投资中的大起大落，需要在这其间找寻到一个合适的点（对他而言，就是一个合适的投资目标）。

"欲望"和"无聊"这两件事，或许是人类生命中最经常出现的旋律吧，所以叔本华的钟摆理论才会那么为人

---

1 ［德］叔本华：《作为意志和表象的世界》，石冲白译，杨一之校，商务印书馆，1991年，第427，429—430页。

熟知和认可。因为人是无法没有目标地活在这个世界上的，无论他从事什么工作，处于什么年龄段；还因为人的一切渴求可能都是由于缺乏而产生的，于是人因欲求而蠢动，由于对自己现状的不满，一天不能得到满足，就痛苦一天，而又没有一次满足是可以持久的，每一次满足都是新的欲求的起点，所以欲求是无止境的，痛苦是无边际的。

这就如同玩游戏过关一样，原本"过关"是他孜孜以求的目标，没想到的是，"过关"之后，他之前玩游戏的那些快感也随着"过关"一起消失了，感觉非常无聊。

所以，只有永远走在路上。

这种伴随着欲望而来的痛苦和无聊，在股票市场上会表现得尤为具象，为了实现获取超额利益这个欲望，意志就会迫使理性为自己进行策划，即做出投资决策。于是，人的全部身心就陷入了"痛苦"之中。获利的欲望被满足的一刹那是幸福的。但如果实现了第一次的获利（第一个欲望），得到了满足，而第二个投资目标尚未确定（第二个欲望），或还没有设想出来，那么人就容易陷入"无聊"的状态之中。当第二个标的出现（第二个欲望）时，人又重新陷入了精神的痛苦之中，理性又忙于为实现第二个标的（第二个欲望）进行分析筹划。

诸葛无名不想陷入这样的循环之中，于是，他想要在心与物之间达成一种平衡，找到一种方式，使之既能满足欲望又不会感到痛苦或无聊。而他的思想资源就来自于他从各种讲座及老板班上听来的中西思想大家们的片言只语。然后，他将这些思想编织在一起，与他的投资实践相结合，而这投资的理念恐怕更是他人生思考的投射吧，否则无法真正使他摆脱无聊感。

其实，当一个人开始将"无聊"作为思考的对象时，那他就成为了自己的哲学家。

不唯成功者论

在那一次的谈话中，我不断地想回到关于赚钱的问题上，并自以为投资界的大佬对他的影响应该远比哲学家的思考更加深入，所以诱导性地问他："我好像记得巴菲特说过，赚钱不是目的，而是为了创造价值。你也这样理解吗？"

他没有正面回应我的问题，而是先将巴菲特的话换了一种说法："投资，首先的表现是在赚钱上，如果从这个意义上来讲，它就是目的。但是，内在的支撑力是要创造价值。这实际上是一体两面的事情。"

然后，诸葛无名又犹豫着说道："或许也受到他的影响吧。"

但他很快又强调："但我更相信这是我自己的想法。"

不过，话音刚落，他又修正道："当然，也可以说是受各方面的影响。我在《哲学的故事》[1]这本书里面看到讲斯宾诺莎[2]，他提到了对一个实体的理解，他说精神和物质相互之间不是谁决定谁的问题，而是一个事情的不同方面。我觉得，这跟我们刚才讲到的是一模一样的。"

斯宾诺莎给实体下的定义是："实体（substantia），我理解为在自身内并通过自身而被认识的东西。换言之，形成实体的概念，可以无须借助于他物的概念。"[3]

在投资目的这个问题上，诸葛无名始终没有表现出对巴菲特过于肯定的回应，我却仍然固执地认为，他的想法应该既不完全是他自己的，也不可能是直接来自深奥难解的哲学思想，或许是来自其他商界大佬的宏论。

比如，2017 年 4 月 9 日，马云在接待挪威女首相埃尔娜·索尔贝格时曾说："人们提起阿里巴巴，一般都是说阿里巴巴有多大，成长有多快。但是在我心目中，值得骄傲的从来不是阿里巴巴的业务有多好、盈利有多高，而是

---

1 ［美］威尔·杜兰特：《哲学的故事》，蒋剑峰、张程程译，新星出版社，2013 年。

2 巴鲁赫·德·斯宾诺莎（Baruch de Spinoza, 1632—1677），犹太人，近代西方哲学史上公认的三大理性主义者之一。

3 ［荷兰］斯宾诺莎：《伦理学》，贺麟译，商务印书馆，1981 年，第 3 页。他还说："绝对无限的实体是不可分的。"参见《伦理学》，第 13 页。

我们对于国家，对于世界的未来能够做到多少转变，这才是我们真正值得骄傲的地方。"于是，许多媒体纷纷以"马云：我想的不是赚多少钱，而是如何改变世界"为题进行了报道。

对此，诸葛无名笃定地说："马云在刚刚创办'黄页'的时候，如果说这句话，别人肯定会认为他是个疯子，会觉得他是假、大、空；而现在他说这话，大家又会觉得他很有智慧。"

"那说明什么呢？我觉得，他不是对钱没兴趣，只是他现在过了要表现出对钱有兴趣的那个阶段了。"

"当然，对这种阶段，你也不能给它排序。不能说，一个人一定是要先过了对钱有兴趣的阶段，然后才对改造世界有兴趣。他也可能是一开始就装着改造世界的梦想，但他在钱的问题上受阻了，于是阶段性的目标就会体现在钱上；但也有可能是他一开始是对钱有兴趣，然后没想到这个兴趣让他改造了世界，从而让他慢慢地对改造世界更有兴趣了。"

听到如此辩证的话语，我的兴趣回到诸葛无名身上，以为他会觉得他目前也有了马云的这种感觉。

"我没有想要改造世界。"他摇摇头，身体在椅子里不自在地扭动了一下，"我只是在自己的投资里，想要达成心与物的和谐。"

他这一细微的身体语言，让我突然意识到，我不应该以自己的猜想去诱导他的思路。他这样的表述方式恰恰表明，他并不想盲目地追随某种时下热门的投资观念，而是力图保持自己思考的独立性，有着一种不唯上、不唯成功者的思维方式。

因此，"改造世界"这样的话题在他看来，可能就比较空，即使在某个成功人士的身上并不空，是有具体内涵的，比如马云。但对于诸葛无名而言，他既没有想好如何把这个东西有系统地讲清楚，也不知道如何将它落到实处。

所以，他只是在认定叔本华的钟摆理论符合自己的心理曲线后，为了完成精神上的自救，又立马以斯宾诺莎的实体论进行对接。在斯宾诺莎那里，实体是独立自存的，自己就是自己的原因，是自己说明自己的。而在诸葛无名的理解逻辑中，对金钱的追求与实现价值的理想就成了他认为的彼此不可分的实体，因此，当谈及赚钱的目的时，他自然会认为如果追求金钱的目的，只是为了获得更多的金钱，那么人就外在地成为了金钱的工具，与追求价值和人生幸福的内在目的相分离了。这既是一种商业行为的空转，也是意义的空转。对于抱持那样想法的人生，他认为"就是没想明白"。

万物相通

当我意识到不该将自己的假想投射到诸葛无名身上时，便立即转换了话题："我记得你说过，你买了猪倌很多的股票，除了纯粹投资方面的考量，还有别的想法，对吗？"

他恢复了自在的表情，淡淡地说："还有某种信仰的支撑吧。"刚以为他会说出一些更加接地气的话来，猝不及防，他却抛出这样一句更不着边际的话来。我急忙问他的信仰是什么。

他把眼光投向窗外："我不能确切地说，是因为我相信了某个宗教，比如说基督教或者佛教，然后我才会那样去做事。其实，我并没有什么明确的宗教信仰，但我的确在心里面觉得，我是有所信仰的，或者说是有信念支撑的。"

"那个东西就在我心里，它让我觉得我是有追求的，这就是我说的'有信仰'。"

他的这种表达，可能是许多中国人普遍都有的一种传统的思维方式，或者说就是中国人典型的信仰观吧——既顺其自然，又有所坚持；既有功利的计较，又带着某种情怀。

他接着说："我觉得中国人的文化特质，可能要比某些分门别类的宗教，在某种意义上，更具有一种调和的气质、宽容的精神。"

我下意识地点点头。他在椅子里舒展了一下身体，由衷地说了一句："所以，我觉得，当一个中国人真好！因为在某些意义上，我们可以超越宗教。"

我突然觉得，这个问题太大了，瞬间各种理论、方法，不同的学派、观点涌入脑海，我一时无法回答。实际上，他也不需要我的回答，他回到自己的逻辑里，继续说道："有一个 90 多岁的哲学家，叫张世英。[1]他提出一个观点，叫'万有相通'，他把这当作上帝来认同。"

对此，张世英自己的解释是："宇宙是一大相互联系的网络整体，任何一物（包括一人一事），都是这一大互联网上的一个交叉点，一方面每个交叉点都因其所处交叉地位（时间点和空间点）、交叉方式之不同而各有各自的特性。就人来说，每个人都有自己独特的自我性；另一方面，每物又都不能脱离他者而独存，其他万物都与之有或

---

[1] 张世英，1921 年出生，曾在南开大学、武汉大学任教，1952 年转入北京大学任教至今，现为北京大学外国哲学研究所教授、博士生导师。主要著作有：《论黑格尔的哲学》、《论黑格尔的逻辑学》、《黑格尔〈精神现象学〉评述》、《黑格尔〈小逻辑〉译注》、《论黑格尔的精神哲学》、《天人之际——中西哲学的困惑与选择》、《进入澄明之境》、《哲学导论》等。张先生还创办并主编了《德国哲学》和《中西哲学与文化》两本哲学辑刊。

近或远、或直接或间接、或强或弱的依存关系，这些互联关系构成每物之生成因素，这也就是说，个体与天地万物融通为一体，我称之为'万有相通'。我把'万有相通'这两方面的内涵简单概括为：'万物各不相同而又相互融通。'当今的互联网正体现出如下两个特点：互联网既为人们提供了每个人自我表现的自由而又深入的平台，又为人们提供了迅速而广泛地相互交流——相互融通的天地。这两个突出特点为'万有相通'的实现提供了基本条件。"[1]

诸葛无名坦白地说："我只是买了他的一本《书法集》[2]，那就是一本哲理名言的汇集。他写的书法，他的一个学生给那些名言都加了注释，网上还有篇文章是对他的一个采访。"[3]

"我觉得，其实，哲学家慢慢地都会走到这一步的（认为万物相通），因为，他们总是在寻求究竟之后的究竟、追述前提的前提。"

以一个普通人的想法去猜度哲学家的思想，莫不是也

1　张世英：《万有相通的哲学之思》，载《光明日报》2018 年 7 月 30 日，http：//epaper. gmw. cn/gmrb/html/2018-07/30/nw. D110000gmrb ＿ 2018073
0 ＿ 1-16. htm。

2　张世英：《中西古典哲理名句：张世英书法集》，译林出版社，2018 年。

3　北京大学哲学系教授李超杰为该书所选用的名言做了七万字左右的注释。《光明日报》分别于 2018 年 7 月 30 日第 16 版和 2019 年 1 月 12 日第 9 版两次刊登对张世英的专题采访。

自认为有做哲学家的潜质？

诸葛无名却笑着摆摆手："我肯定没兴趣做哲学家。"

但他转而又一脸认真表情地说："但是，显然的，他们的思想对人们的现实生活有非常强的干预的力量。"

我想，这后一句话是为他自己作注吧，认为哲学家的思想最终都会达至万物相通的境地，身为普通人的他，虽无那种理论诉求，但因受其影响，自然也会在他的投资行为中找寻某种更高的精神价值。

而对中国传统文化的关注一直是他在聊天中经常出现的话题，不过，他观察的角度却与学者不同，他曾告诉我，他亲历的一场猪倌企业文化活动：拜师大典。那是一个关于猪的节日，每年都有。在那场典礼上，有徒弟给师傅敬茶敬酒，还有对猪的顶礼膜拜等环节。他觉得，那个典礼中就有很浓厚的中国传统文化的特色在里面，并不像有学者以为的那样，中国传统社会中师傅带徒弟的模式被苏联的做法彻底打乱了。

这四十年，中国社会的确发生了前所未有的巨变，在巨变中，人们时常感慨传统的伦理道德在一点点瓦解，看不到蕴藏在代际之间的发展动力，看不到平凡世界里饱含的希望。

他委婉地批评道："那些研究中国传统文化的老师，他们当然对理论有很深入的理解，但是，有时会和生活脱节。"

末了，总结了一句："在我看来，猪倌其实是在利用一个仪式、一种规则来让这个组织变得有灵魂。"

我发现，诸葛无名总是能在一些貌似平常的现象中看到深刻的东西，然后再从高处回到现实中。我问他："你认为什么是一个组织的灵魂？"

他一如既往，并没有正面回应我，而是举了个例子："有一次，王德峰老师[1]用了一个段子。别人问他，是该招品德好但没能力的学生，还是招能力强但品德差的学生。很多人都说应该招品德好能力稍微欠缺的人，但王老师说，其实你也可以招品德差能力好的人，或者是品德差能力也不好的人。他说，关键在于，如果你能把一帮品性可能不一定很好的人搞成了一个纪律严明的组织、一个有战斗力的组织。那么，这个组织就真正有了生命力。"

"我看猪倌就是这样一个组织。"

"比如，大家都做企业，他有一帮人，我也有一帮人。为什么他做的企业就能慢慢地蒸蒸日上，靠的是什么？其实，就是要给那些人装上一个魂。有些精神性的东西彰显出来了，这样的组织才会跟别人的不一样。"

---

1 王德峰，复旦大学哲学学院教授，博士生导师，研究领域：马克思主义哲学，重点在马克思主义哲学的当代性与当代中国的现代化进程。主要论著有《哲学导论》、《艺术哲学》、《寻觅意义》等。

我反问道："你说的那个魂，我理解它应该是一个有关品质的东西，而不是说你随便招来一帮乌合之众就可以的吧？"

他坚持自己的观点："但是，即使是一帮乌合之众，他们融入不同的组织就有可能变得不同。有的可能始终都是一帮乌合之众，那这个组织就效率低下了；但如果说一帮乌合之众融入的组织，对他们的改造能力够强的话，那么，这个组织的生命力和效率就显现出来了。"

我觉得这其实是一个管理能力的问题，而无关一个组织是否有灵魂的玄学。

但诸葛无名坚持认为："管理能力是一种精神的外化。管理的背后应该还有一些合适的主基调来支撑才行。"

我问："那你觉得合适的主基调是什么？"

他一时回答不上来，停了一下，摇摇头自嘲道："我还真说不太上来。其实吧，我有时觉得自己像个强盗一样，从这里搞点钱，又从那里搞点钱。表功嘛，就表在自己身上，说自己有眼光有智慧，怎么怎么样。但这只是因为我们现在这个社会的衡量标准太单一了，只以钱多官大来判断一个人的成功与否。实际上这表明，这是一个社会发展相对初期的阶段，而社会也在经历一个历时性的过程，它是在一个不断前行的过程中的。你只有经历很多之后，才发现有些东西是历久弥新的。"

"比如，你看，像中国传统中那么多优秀的东西，它们慢慢地显示出自己的价值，虽然我说不上来什么大道理、总结不出什么主基调，但我会感觉得到，那些才是真正永恒的东西。"

他那段对自己的嘲讽反倒让我觉得，在诸葛无名的自我预设中有着人性光明的一面，你可以说他是自私的，但他并没有什么出格的举动，他也没有把"自私"当作一个标签、一个卖点。换言之，他的"自私"并不值得大张旗鼓地批判。更关键的是，他自私，却不拒绝崇高，不拒绝理想主义，不拒绝抽象价值。

他远不是自己所形容的那么单薄和乏味。

马克斯·韦伯的命题

人如何赋予挣钱以意义？这曾是德国思想家马克斯·韦伯（Max Weber，1864—1920）讨论资本主义精神时的核心命题，[1] 他在书中，肯定了精神与文化因素对经济社会的发展具有巨大的推动力，以此来证明新教伦理是潜藏在西方资本主义发展背后的心理驱动力，因为新教伦理赋予了经商逐利的行为以合理的世俗目的。韦伯的结论与方

1　参见〔德〕马克斯·韦伯：《新教伦理与资本主义精神》，阎克文译，上海人民出版社，2010年。

法给予了各路理论家们以巨大的启发，特别是在社会学中被奉为圭臬，似乎一触及这个问题就绕不开韦伯的理论及其讨论范式。

所幸，诸葛无名并非学术圈内之人，因此，他没有要与理论对话的负担或诉求，这让他至少避开了社会学的偏执。不过，从他的描述中，我自认为看到的是，一方面，他如经典社会学家一样，注重经济行为中非经济因素的重要意义，并由此赋予赚钱以价值正当性；另一方面，他又从自身质朴单纯的文化立场出发，认为中国传统文化中的某些理念，也赋予了今天中国经济活动中的某些方面以合理性依据。这样，抛开学理上必备的立论、取证、论证的过程，他事实上巧妙地回应了韦伯认为所有的东方宗教（包括印度教、佛教、儒教、道教等），因为没有经过宗教改革的洗礼，其古老的宗教伦理精神必然会对这些民族的经济发展起到严重阻碍作用的论点。

当然，我不得不承认，在关于"赚钱"的想法中，诸葛无名其实并没有太多自我创新的地方。他只是将一些原本相互之间并无联系的观念，或是与讲述者关注重点不同的理解与自身密切相关的投资理念相结合，并与自己的生命体验圆融在一起，直至获得某种"自我的主张"。

从诸葛无名的表述中，我看到，他是那样深受西方思想的影响，又是这样强调传统的重要性。在某种意义上，他或许只是某种思想身份上的边缘人，但他思想的热情却始终不灭。

应该说，在当今中国，像诸葛无名这样有着独立思考的能力和意识的炒股人虽非个别，但也并不是很多。据统计，目前在国内 A 股市场上，散户是主力军，其贡献了差不多 80％的成交量。[1]但存在的问题也就在于他们的专业水平不高，缺乏自主意识和反思精神，容易跟着网上一些自封的"经济学家"或"投资专家"走，却未必适合自己的情况。

从 2018 年 3 月 14 日深圳证券交易所发布的《2017 年度个人投资者状况调查报告》来看，[2]首先投资者的结构中，中小投资者超七成；其次，从投资决策信息来源看，网络媒体最重要的信息渠道，手机上的网络媒体占47.6％，电脑上的网络媒体占 42％；第三，从投资行为看，虽然投资理性程度总体增强，但非理性投资行为发生比例依然较高，各种行为描述选项的非理性投资者平均占

1　财经评论家皮海洲说："对于现阶段的 A 股市场来说，散户市是一个客观现实问题。从中登公司公开的开户数据来看，目前个人投资者开户的人数超过 1.45 亿户，按每个投资者同时开通沪深交易账户计算，个人投资者的开户人数也超过了 7000 万人。这样一个庞大的个人投资者队伍，客观上就决定了 A 股市场的散户市特征。而从交易的情况来，目前散户贡献的交易量超过整个交易量的 80％，散户名副其实是市场的绝对主力。"参见：https：//baijiahao. baidu. com/s? id=1620695465962884535&wfr=spider&for=pc。
2　https：//www. sohu. com/a/225629378_100126388.

比 39.2%；此外，追涨型投资者远多于抄底型投资者，还有近六成投资者没有明确的止损策略。

另据"问卷星"在网上一项关于个体投资者的调查，[1] 受过大学本科教育的人占个体投资者的绝大多数。然而，对投资知识有系统学习的很少，大部分只读过三五本与投资有关系的书籍，获取投资信息的渠道大部分是"网络媒体"，部分是"电视节目"。在做出投资决策时，大多数人会认为"舆论倒向的一边多少会有他的道理"，也有相当部分的人认为"网络舆论的真假难辨，用意不明"。对投资决策起作用最大的分别是"财经网站"、"股吧论坛"和"名人博客"。

经济学里经常用"羊群行为"（Herd Behavior）来描述经济个体的从众跟风心理，[2] 这在股票市场上表现为投资者受环境诱导、气氛影响以及其他投资者的暗示，而放

1　https://www.wjx.cn/viewstat/4039699.aspx.

2　"羊群效应：羊群是一种很散乱的组织，平时在一起也是盲目地左冲右撞，但一旦有一只羊动起来，其他的羊也会不假思索地一哄而上，全然不顾旁边可能有狼和不远处可能有更好的草。跟风心理很容易导致盲从，而盲从的结果往往会陷入骗局或遭到失败。"参见《现代管理词典》第 2 版编委会：《现代管理词典》（第 2 版），武汉大学出版社，2009 年，第 918 页。百度百科的解释更为通俗易懂："羊群行为指动物（牛、羊等畜类）成群移动、觅食。后来这个概念被引申来描述人类社会现象，指与大多数人一样思考、感觉、行动，与大多数人在一起，与大多数人操持一致。以后，这个概念被金融学家借用来描述金融市场中的一种非理性行为，指投资者趋向于忽略自己的有价值的私有信息，而跟从市场中大多数人的决策方式。羊群行为表现为在某个时期，大量投资者采取相同的投资策略或者对于特定的资产产生相同的偏好。"

弃自己已制定的计划和主张，盲目跟风，采取与他人相同或相似的投资策略或方式。除主动跟进的投资行为以外，大多数羊群行为的投资者都是非理性的，往往缺乏对自己所持股票价值的分析和研究，没有自主明晰的投资策略，因此，不得不追随其他投资者或股票分析师的主张。

关于羊群行为的形成有多种解释。哲学家认为是人类理性的有限性，心理学家认为是人类的从众心理，社会学家认为是人类的集体无意识，而经济学家则从信息不完全、委托代理等角度来解释羊群行为。不过，无论学理上的解释为何，现实生活中，从众心理很容易导致盲从，盲从则往往会陷入骗局或遭遇失败。

中国股票市场中个体投资者呈现出非常显著的羊群行为，像诸葛无名这样既实际在股票市场上投资，同时又能跳出来有一套高于炒股思考的人应该说不是很多。

而在这一过程中，具备怎样的人生观、价值观，看似与具体的投资行为无关，但实则有着巨大的关联度，它可以帮助投资者避免掉入各种陷阱之中。目前，中国的 A 股市场作为一个散户仍占大多数比例的市场，相较于机构投资者或庄家，面对有丰富专业能力的基金经理，大部分散户在这个市场上属于弱势群体，是非常薄弱的一方，其实大多数人在股市里是赚不到多少钱的。

以 2017 年的股市行情为例，大盘权重股为代表的结构性牛市，超过 80％的基金机构都赚钱了，但是却有超过 80％的散户亏钱，即使指数上涨，散户依然把握不住。到了 2018 年，中国股市在经济下行的压力下，更是有超过 90％的散户亏损，很多散户已经被迫离开了股市。[1]

在这种情况下，诸葛无名何以能够淡定处之？他自己并没有总结得很清楚，或者可以说，他的财富积累数量还远没有达到别人对他的经验普遍感兴趣的程度。

那么，我可否从前辈成功者的身上找寻到一些蛛丝马迹来为他作注呢？

众所周知，作为股神巴菲特幕后智囊的芒格[2]，在过去的 47 年里，他和巴菲特的伯克希尔公司创造了以股票账面价值年均 20.3％的复合收益率，使每股股票的价格从 19 美元升至 84487 美元。而芒格就是常常站在投资理论系统之外来考虑问题的，并认为优秀的品性比大脑更重要。

这种与众不同的思维方式让他们成就了投资界的神话，创下了有史以来最优秀的投资纪录。

1　2018 年国内 A 股市场的惨烈情况各大纸质和网络媒体多有报道，可参见：http://finance.sina.com.cn/stock/marketresearch/2018-10-29/doc-ihnaivxq3087247.shtml。

2　查理·芒格（Charlie Thomas Munger，1924 年 1 月 1 日—）美国投资家，沃伦·巴菲特的黄金搭档。

芒格一生以本杰明·富兰克林[1]为偶像，他从富兰克林那里学到了一种思想，那就是一定要变得富有以便为人类做出贡献。他曾说："富兰克林之所以能有所贡献，是因为他有（资金）自由。"[2]

诸葛无名虽未明说他在投资之外还想做些什么贡献，但想必他一定也有所思考。

中国当下最成功的商人、现在已重新回归教师身份的马云，不也同样在向他的商界同行喊话吗？他说："湖畔不是来教大家怎么赚钱的，而是教大家如何创造价值。对于在座每一个人，赚钱其实是最容易的事情，但是持久地对社会、对客户、对员工、对这个企业创造价值是非常难的。"[3]

1　本杰明·富兰克林（Benjamin Franklin，1706 年 1 月 17 日—1790 年 4 月 17 日），美国政治家、美利坚开国三杰之一，被美国的权威期刊《大西洋月刊》评为影响美国的 100 位人物第 6 名。但他同时还是美国 18 世纪最优秀的思想家、投资者、科学家、社会活动家和商人，还对教育及公益事业做出了杰出贡献。

2　［美］珍妮特·洛尔：《查理·芒格传》，张戎、赵平莉译，海南出版社，2003 年，第 134 页。

3　据媒体报道，2019 年 1 月 8 日，马云在湖畔大学内部演讲中作如是说。参见：http://blog. sina. com. cn/s/blog _ 3d1ed7410102yub4. html。

二、库恩的范式与王阳明的花

2019 年 1 月初，诸葛无名要在一家公司的投资论坛上作为受邀嘉宾发言，他事先拟定了一份发言大纲。2018 年底，我和他有一次交谈，于是，他提前向我展示了那份大纲，标题是《范式转换与机会展望——投资的前提之前提》，分六个部分：一、范式的概念和理论，二、范式跟投资有什么关系？三、社会的主流范式及所面临的问题，四、企业发展的范式，五、努力成为创造性的投资者，六、可能的投资机会——范式转换之际。

这是在我与诸葛无名的接触中，他唯一向我提供的，由他自己总结的文字材料。虽然，因为过于简略，对其中的许多片言只语我仍需向他口头求证，但这份大纲至少向我提供了一个有关他投资思路的大体框架。

那天，诸葛无名落座在我的案前，第一句话就是：

"我写这些东西，是为了给自己理思路。"

不错，理清思路很重要。

库恩的范式与中国的经济改革

他指着大纲的第一段对我说："你看，这是对范式的一个解释。"

我看过去，发现这是一段从百度百科上抄下来的对于"范式"[1]的解释：

"范式（Paradigm）的概念和理论是美国著名科学哲学家托马斯·库恩（Thomas Kuhn）提出并在《科学革命的结构》（*The Structure of Scientific Revolutions*，1970）中系统阐述的。它指的是一个共同体成员所共享的信仰、价值、技术等等的集合。指常规科学所赖以运作的理论基础和实践规范，是从事某一科学的研究者群体所共同遵从的世界观和行为方式；开展科学研究、建立科学体系、运

---

1 Paradigm 一词在中文学术界对库恩的研究中有多种翻译，如"范式"、"规范"等。但他本人并未在《科学革命的结构》一书中对该词下过明确的定义，导致学界对其用法含混不清的诟病，因此在《结构》英文第二版中库恩对此作出了一点澄清："规范一词有两种意义不同的使用方式：一是某一特定社群的成员所共享的信仰、价值和技术等构成的整体，一是上述整体中的一个环节，一种可以被当作典范来替代规则的'问题的具体解法'，这一解法为常规科学中尚未解决的问题提供一个解答的基础。"转引自吴以义：《科学革命的历史分析：库恩与他的理论》，复旦大学出版社，2013 年，第 149 页。

用科学思想的坐标、参照系与基本方式，科学体系的基本模式、基本结构与基本功能。"[1]

我一眼扫过这句来自大众网络上的话语，兴趣并不是很大，我更关注的是诸葛无名自己的理解和阐发，所以，我直接问道："那你自己是怎么理解范式的呢？"

他清了一下嗓子："其实，我对这个词，只是拿来借用一下而已。我把范式和模式在某种意义上等同。"

说完这句话，他停了下来，好像在思考如何更好地组织语言。为了让他放松下来自由地表达，我说："你随便说，不一定要和这份大纲一样。"

他显得自在了一些："我就是很想把我的一种行为模式和你探讨一下。因为有句话说得好，'一个人的行为模式受制于他的精神资源和精神结构'。[2]那么，我觉得我今年的进步来源于……"

他又停顿了一下，换了一种说法："或者说，如果今年我有一点点收获的话，更多的是，我在投资的方法论上稍微地有了一些认知。这种认知，我觉得可能对我今后的影响会是蛮大的。如果要用一个词来概括的话，就是'范式'。"

1　https：//baike. baidu. com/item/范式/22773？ fr＝aladdin。
2　这句话来自梁宁的微信公众平台：闲花照水录中"一个人的精神结构和他的精神资源"。参见：https：//mp. weixin. qq. com/s？＿＿biz＝MjM5MjA4Mj
U4MQ＝＝&mid＝210509623&idx＝1&sn＝bd53b0a0e730702c1e2a1e370b69
326d&mpshare＝1&scene＝1&srcid＝1108xkRS9i0qS4OxcUmI6SvM♯rd。

"其实，我对它没有一个特别严格的定义，我就是把它理解为一个基本的结构，它包含了时间、包含了空间、包含了变化。"

"如果我们的行为要达到合适的目的，那么，我们的精神范式就要跟外部世界的范式在某种形式上形成共鸣。如果能形成共鸣，就可能使得自身对外部世界的认知达到一种深入的程度。"

"我们可以从两方面来讨论这个问题：一是个人的内在精神范式，二是外部世界的范式。"

显然，他是有备而来，一开始就滔滔不绝地讲了起来。

在学术界，"范式"一词被认为是现代科学哲学家库恩的思想中最重要的一个词汇，但他却从来没有直接清楚地对其下过明确的定义。

有库恩研究者说："库恩从未正面定义过这个库恩理论的核心概念。'规范'或'范式'或'典范'在库恩理论中，是一种隐秘的、具有约束力的样板，对科学的发展起重要的制约作用。因为没有明确的定义，所以这个神秘的词获得了最广泛的讨论和发挥，也招致了尖锐的批评。"[1]

1　吴以义：《科学革命的历史分析：库恩与他的理论》，复旦大学出版社，2013年，第24—25页。

我猜想，诸葛无名并不知道托马斯·塞缪尔·库恩（Thomas Samuel Kuhn, 1922—1996）是 20 世纪影响最大的科学哲学家、科学哲学中的历史主义创始人，他于 1962 年发表的《科学革命的结构》一书迄今为止仍被视为科学哲学的经典著作，被广泛阅读、引用和讨论。

因为，从一开始诸葛无名引用百度百科上对"范式"的界定，到他自己的整个表述过程中，他都只是在一般意义上使用这个被社会各界宽泛运用的词汇，并未深究其中"隐秘的"、"具有约束力的"学理上的含义。但他所理解的范式转变在一定程度上又确实可以纳入被库恩所提及的范畴之内，由此，听上去也是逻辑自洽的，丝毫没有违和之感。

我听见他继续说："外部世界的范式从大到小来讲，有两大基本面，一个是社会生活的主流范式，刚好今年是 2018 年，四十年前，中国社会的主流经济范式发生了一次剧烈的转换，那种转换就是，党和国家把工作中心转到了经济方面来。这样的一个转换，可能突出的表现就是'时间就是金钱、效率就是生命'这个口号。"

"现在来到了 2018 年，站在这样一个时间关口上，观察社会经济的主流范式，可能我们又处在另一个转换的过程当中了。这个转换可能是从过去的经济生活只讲效率，到现在更多的是讲求公平。"

这应该是一个本质性的变化，过去，价值被量化，但是，现在人们发现很多价值不太好量化了，所以，这就意味着效率不代表一切，这个趋势可能是长期缓慢发生的，但也可能是一种巨变。

由此，市场也必将发生结构性的变化。

他喝了口水，"另一个基本面是企业发展的范式，2018年，股票市场上出现了一个现象级的现象。那是什么呢？就是股票市场惊动了党、惊动了中央、也惊动了习大大"。[1]

"其实，这种情况如果只是我们投资人能感知得到，那是不够的；外部人也能感知到，才是最有效的。这就是A股市场上有大面积的大股东质押爆仓。"[2]

1　据新华社消息，2018 年 12 月 19 日至 21 日中央经济工作会议在北京举行。中共中央总书记、国家主席、中央军委主席习近平，中共中央政治局常委、国务院总理李克强，中共中央政治局常委栗战书、汪洋、王沪宁、赵乐际、韩正出席会议。会议文告中明确提及："资本市场在金融运行中具有牵一发而动全身的作用，要通过深化改革，打造一个规范、透明、开放、有活力、有韧性的资本市场，提高上市公司质量，完善交易制度，引导更多中长期资金进入，推动在上交所设立科创板并试点注册制尽快落地。"

2　据《现代经济辞典》的解释，"质押：债务人或者第三人将其动产或有关权利移交债权人占有，将该动产或有关权利作为债权的担保。分为动产质押和权利质押。动产质押，是指债务人或者第三人将其动产移交债权人占有，将该动产作为债权的担保。权利质押，是指债权人或者第三人将其有关权利移交债权人占有，将该权利作为债权的担保"。参见刘树成主编：《现代经济辞典》，江苏人民出版社，2005 年，第 1223 页。"爆仓（见'穿仓'）：期货市场上，由于交易者过度持仓，当遇行情突然变化而导致其保证金账户出现严重赤字的情况。由于交易者不顾自己的资金实力，盲目或故意单边两类：一类是有意穿仓。这种穿仓的目的往往是想利用期货交易所（或期货经纪公司）在管理方面存在的漏洞，借助穿仓进行透支，以投机获利。另一类是无意穿仓。它是由市场行情大幅度波动、交易当事人未能及时准确地对市场行情作出正确预测，最终导致亏损过大而形成的。"参见上书，第 26、144（转下页）

怕我不明白，他简单解释道："就是有大股东把自己的企业股权拿出去抵押了，其结果表现为破产。严格说来，不完全是企业破产了，而只是股东破产。这个现象先是某些企业的个别现象，但是，随后有批量的企业大股东破产。[1]"

"这个现象的数量多到最后都惊动了党中央。"[2]

时势与"英雄"

"这一现象足以让我们反思企业发展的范式[3]，进而提出一个问题'英雄可以当几次？'"

（接上页）页。中国上市公司市值管理研究中心 2018 年 12 月 20 日评选出"2018 年度十大市值新闻"，这是该中心连续第十二年盘点当年市值和影响市值的重大新闻。第一条就是大股东频现爆仓危机，http://www.sohu.com/a/285535502_363978。

[1] 2018 年申请破产的企业既有大型民营企业，如金盾、盾安、沃特玛电池、深圳容一电动等，也有国资背景的企业如渤海钢铁、山东永泰、鲁南化肥厂、江西六国化工等。数量之多，乃至一段较长的时间里，各大媒体纷纷报道，时常出现这样的一些标题：《大股东破产，公司 1.46 亿股被拍卖竟无人问津······》http://www.jf096.com/html/27902.html，《2018 年这些大企业为何会轰然倒下？》http://news.hexun.com/2018-12-21/195626817.html，《2018 这一年这些大佬过得很"闹心"，市值蒸发、破产重组比比皆是》https://baijiahao.baidu.com/s?id=1621350265675253761&wfr=spider&for=pc，等等。

[2] 2018 年上证指数从年初的 3587 点后一路下滑，直到国庆后下破 2450 点，从散户到大股东纷纷爆仓。之后，在刘鹤副总理带着央行证监会领导集体发言并出台一系列救市政策才略微止住狂跌。

[3] 对此现象的分析性文章很多，较具权威性的研究报告有：如是金融研究院首席研究员朱振鑫及葛寿净的《中国式爆仓风险：A 股股票质押全解析》，https://www.sohu.com/a/258794382_100160903。

　　他自顾自地往下说，若不是我疑惑地看了他一眼，他恐怕还停不下来。我问他："英雄？什么英雄？"

　　他"哦"了一声，"我说的英雄就是那些大股东们。因为，这些上市公司的大股东，在普通投资者眼里都曾经是英雄，他们身上有着一种光环。但现在出现了大面积的爆仓，这样的情况使得我们必须反思，企业发展的范式出了什么问题"。

　　"像万科宝能事件[1]、安邦[2]、明天系[3]、碧桂园[4]等等这些大企业的问题都表明，金钱效率在工具理性[5]的指挥棒下走过了头，时代呼唤价值理性[6]。"

1　相关事件可参见：https：//mname. 388g. com/shijian/49497. html，https：//www. maigoo. com/news/457325. html 等报道。

2　相关事件可参见：http：//business. sohu. com/20180510/n537301623. shtml。

3　相关事件可参见：http：//www. scxxb. com. cn/html/2018/jjsh_0615/541615. html。

4　相关事件可参见：https：//baijiahao. baidu. com/s？id＝1607404020689442153&wfr＝spider&for＝pc。

5　"工具理性：亦称'目的工具（手段）理性'，德国马克斯·韦伯研究社会形态属性的用语。认为随着市场交换成为一种习惯以及现代科学技术的发展，人们越来越多地从事目的工具合理的活动。该理论遭到法兰克福学派的批判和改造，霍克海默、阿多诺等学者认为，工具理性对自然界起到了技术控制的作用，在晚期资本主义社会中退化为'极权主义理性'，成为维护现存秩序、操纵大众意识形态的工具。"参见夏征农主编：《大辞海》（政治学、社会学卷），上海辞书出版社，2010 年，第 413 页。

6　"价值理性：认为与工具理性的价值中立判断相反，价值理性内含着丰富而鲜明的价值判断色彩。凡出于伦理、审美、宗教、政治或其他行为方式的考虑，与直接的后果和希望无关的，由纯粹的排他的、无条件的或特定的价值观决定的行动方式，都属于价值理性的范围。"参见夏征农主编：《大辞海》（政治学、社会学卷），上海辞书出版社，2010 年，第 413 页。

"从目的到手段的范式转变——企业之为企业的根据在哪儿？企业的发展范式跟企业家的精神范式关联——精神范式的转换意味着内在的革命。换言之，企业家或大股东能当几次英雄，就取决于他们的精神范式的转换。"

诸葛无名一口气说到此，还熟练地使用了两个社会学中常用的术语：工具理性（Instrumental Rationality）和价值理性（Value Rationality）。

通俗地讲，前者是指人们在具体的社会活动中过于追求利益，以某种功利的目的来衡量事情的得失和成本，甚至为了获得行为本身的价值而不计较手段和后果，由此产生一种以工具崇拜和技术主义为生存目标的价值观。后者则是以某种人类特定的思想观念（如公正、平等、责任、荣誉等）作为衡量事物的先决条件，追求人们在从事各项活动时的价值意义，而并非只是以是否成功或是否获利作为其评判标准。

这两个术语最初源自现代极具影响力的思想家、社会学家马克斯·韦伯所提出的"合理性"（Rationality）概念。他在研究社会形态时又作了进一步的区分，以此来为早期资本主义的发展建立理论的依据，并警示可能出现的问题。之后，法兰克福学派借用并进一步建立了批判的社会理论。该学派的思想来源众多，既有马克思关于分析批判资本主义的理论，更有"西方马克思主义者"卢卡奇等人的理论；同时，还受到黑格尔、康德、弗洛伊德和浪漫主义等众多西方哲学思潮的影响。

　　总之，无论工具理性还是价值理性，都被视作是人之理性的不可分割的重要方面，理想的状态是实现价值理性与工具理性的统一，这样才能确证"人是人的最高本质"（费尔巴哈的命题）。由于资本主义发展过程中对工具理性的过度追求，这一问题在当代越来越多地引起人们的反思。如何实现价值理性与工具理性的统一，至今仍是学界的关注热点。比如，在经济学中公平和效率的争论，在哲学中目的和手段的争论，在文化领域中科学与人文的争论，等等。

　　诸葛无名或许并不知道这样的一个学术语境和传承关系，他只是想，在商业行为中，如果投资者仅仅从利益最大化的角度考虑，而没有精神价值的追求，可能就会产生问题。他想要强调的是，以纯正的动机和正确的手段去实现自己意欲达成的目的。而价值理性主要体现的，就是一个人或一个企业对价值问题的理性思考，由此也可引申为"意义"。价值理性关怀人性的世界，一个有意义的世界。在这个世界，人对价值和意义的追问，人的最终归宿和终极关怀成为重心所在。

　　诸葛无名所提及的几次事件，其始末都跟信用和安全有关。2018年5月10日，上海市第一中级人民法院对被告人安邦保险集团董事长吴小晖集资诈骗、职务侵占案进行一审公开宣判，对吴小晖以集资诈骗罪判处有期徒刑十五年，剥夺政治权利四年，并处没收财产人民币九十五亿元；以职务侵占罪判处有期徒刑十年，并处没收财产人民币十亿元，决定执行有期徒刑十八年，剥夺政治权利四年，并处没收财产人民币一百零五亿元，违法所得及其孳息予以追缴。2018年8月16日，上海市高级人民法院对吴小晖集资诈骗、职务侵占案二审宣判，裁定驳回上诉，维持原判。

2018年6月初，有消息传出，曾被市场喻为股市一代"枭雄"的明天系掌舵人肖建华正配合国内相关部门出清其资产，以降低金融风险。

2018年12月17日，王石宣布："不欢迎宝能系成第一大股东，理由就是你信用不够！"

2018年7月以来，继上海奉贤项目坍塌、杭州萧山项目坍塌后，碧桂园发生了第三起坍塌事故。根据公开资料整理，不到一年，碧桂园在全国多地项目中，已经发生致人死亡的安全事故达5起，至少10人从中丧命。在以突飞猛进之势，杀入国内房企前三甲的光鲜背后，碧桂园在建项目频敲安全警钟。

这几次引人眼球的企业变故，作为2018年中国经济生活中的重大事件，当时各大媒体都从不同角度进行了详细的报道和分析，作为圈内之人，诸葛无名自然也高度重视了。而他将此与两个学术术语相结合，则是他一贯的思维方式，即在不同的知识点之间进行嫁接和重新理解，这也正是他穿墙之术的体现。

而在诸葛无名和我谈及这些事情之后，不到两个月的时间，2019年2月25日，国家主席习近平在主持中央全面依法治国委员会第二次会议上强调，法治是最好的营商环境，要以立法高质量发展保障和促进经济持续健康发展。在部署2019年工作的中央经济工作会议上，习总书记多次强调"法治化"问题，如深入推进供给侧结构性改革主线不动摇，强调更多采取改革的办法，更多运用市场化、法治化手段。在支持民营经济发展方面，强调营造法治化制度环境，保护民营企业家人身安全和财产安全。在增强微观主体活力方面，强调建立公平开放透明的市场规则和法治化营商环境，促进正向激励和优胜劣汰。[1]

精神范式与创造性的投资者

虽说，在民间，人们也多习惯于谈论国家层面在政治、经济或文化教育上的重大事件，并由此做出各种推测，也时有准确率较高的时候。然而，当时，我还是忍不

---

1 相关解读可参见中国浦东干部学院决策咨询中心主任胡云超的分析文章：https://news.sina.com.cn/c/2019-02-27/doc-ihsxncvf8137262.shtml。

住问诸葛无名："你为什么会从这个角度来考虑问题？这些事情与你的投资有什么关系？"

他先是概括性地说道："因为，我们都是被范式所规定的，我们被嵌套在各种范式之中，我们的能动性受到范式的制约。"

然后，接着说："作为投资者，我觉得我们应该成为一种创造性的投资者，这是我的任务。"

"我写这些东西是因为，我想获得一个合适的投资目标。但是，如果在我想要获得一个投资目标时，也就是在我内在的精神世界需要把握外在世界的时候，如果我的把握能力出问题了，那就会投资失败。这里我说的外在世界就是我的投资标的，这个目标物与我的思想，这两者是分不开的。"

我问："为什么你会觉得你的精神世界跟一个很具象的事物之间有这么大的关系呢？"

诸葛无名将目光移向窗外，高楼外，冬日的上海被一片雾霾所笼罩，景物有些模糊不清，他仿佛陷入了回忆中："这就涉及每个人的精神范式了。我们从小所受的教育是：外部世界是客观的，它是不以人的意志为转移的。[1]"

1　在国内，从大中小学校的教育中经常能听到类似的表述。比如对于何为"客观规律与主观能动性"的一个教科书解读："规律是事物运动发展中本质的、必然的、稳定的联系。……规律是客观的，它的存在不以人的意志为转移。"参见熊晓琳主编：《马克思主义基本原理概论教学用书》，北京师范大学出版社，2011年，第60页。

"但是，慢慢地，后来我发现，还有另外一种关于精神范式的观念存在，认为外部世界是被思维所规定的。"

听到这样的表述，我自然想起的是柏拉图在《理想国》中关于理念的讨论，[1]于是忍不住插嘴道："你的这种想法是受到柏拉图的影响吗？"

他迟疑了一下："可能受到各种各样的影响吧。有西方的，但除了柏拉图的只言片语外，还有中国的心学[2]，它讲心外无物，这也是一种影响。如果从前一个观点来看，你需要格物穷理[3]；从后一种观点来看，你还需要不停地关注人的思维模式本身。"

听他随口引出宋明理学的概念与柏拉图的思想相对照，我的感觉就如同《封神演义》中的土行孙突然消失，再以《星际旅行》中人体发送的方式出现在某个外太空的地方一样穿越。这种穿墙式的思考对于诸葛无名来说是一

---

1 "理念"是柏拉图哲学讨论的核心，"永久不变"的理念是第一性的，生灭变化的事物则是第二性的。在《理想国》中，他把不变的理念看作唯一真实的原本，把变化的事物看作理念的摹本和消极的产物。为此他提出了著名的"洞穴比喻"，这是柏拉图在《理想国》第七卷中通过苏格拉底和格劳孔的对话而讲述出来的，洞穴之中的世界相应于可感世界，而洞穴外面的世界则被比作理智世界。参见［古希腊］柏拉图：《理想国》，郭斌和、张竹明译，商务印书馆，1995年。

2 所谓"心学"，指南宋陆九渊与明代王阳明为代表的儒家学派思想，他们认为心即是理，心外无物，心外无事，心外无理。

3 "格物穷理"是程颐、朱熹的学说。"格物"为《大学》的八条目之首。朱熹训"格"为"至"，至物的目的是穷其理。

件再平常不过的事情，仿佛他的大脑就是一台能自由发送和接收的魔术装置，除了平淡地说一句"发射我吧，苏格兰人"之外，再不会把它当作话题来谈论，也无法多阐发一些进一步的理解。

因此，面对我疑惑的表情，诸葛无名只是双手一摊："对这个问题，你想听我多说我也是想多说的，但我不知道怎么多说。我觉得，人类在建构自己的精神家园时搞了许多非常繁复的体系和结构，我不是太懂，我只是找到让我感觉有说服力的理论就好了。"——这就好像是一个星际战士耸耸肩对一个地球人说："隐形传物是科学家早就论证了的，我只是借用了一下而已。"

"当然，于我而言，我经历了一个三观改变的过程。我慢慢地不再相信外部的事物是纯粹客观的、是不以人的意志为转移的这种说法。我觉得，我需要不停地去思维思维，这是我的根本出路，无论是在投资上还是其他方面。"

他以动词的形式叠加地使用了两次"思维"这个词，如同一个哲学家知觉自己在知觉一样。但这与如何才能成为一个创造性的投资者有什么关系呢？

诸葛无名并没有直接回应我的疑问，而是以他惯常的方式引用了一句名人名言，他指着发言大纲上的一段话，对我说："你看，汤因比是这么说的：'所有的社会性的创造行为，都是个别创造者的工作，或至多也不过是少数创造者的工作；而且在每一次继续不断的前进中，社会上的绝大多数社会成员都是被抛在后面的。'[1]"

我们知道，阿诺德·约瑟夫·汤因比（Arnold Joseph Toynbee, 1889—1975）是英国著名历史学家，曾被誉为"近世以来最伟大的历史学家"。在其巨著《历史研究》中，汤因比在对人类历史上几十种过往和现存文明的研究中，提出"挑战—应对"的模式来对历史中的一切变化进行描述和解释。在该书的第三部"文明的成长"中，他强调文明起源和生长的原因在于挑战和回应挑战，在这其中少数伟大人物的历史活动具有至关重要的作用。换言之，他认为文明成长的动机并非来自社会整体，而是来自少数具有创造性的个体，大多数人只是跟随或模仿那些伟人。

显然，诸葛无名是想用汤因比的话来表明，无论在什么时代，要想获得成功都不是一件容易的事情，而且，不管是整个社会还是各个不同的行业，其发展的动力都只在于少数具有创新能力的精英分子。在这个起伏跌宕的过程中，那些眼光敏锐、善于抓住机会，并敢于创新、敢于尝试的人，或会经历爆发前的黑暗，但终将崭露头角的少数分子就是精英，就是推动社会前行的人，比如他自己。

果然，读完大纲上的这段话，他的话题马上就回到了

1　［英］汤因比：《历史研究》（上），曹未风等译，上海人民出版社，1987年，第271页。

自己身上，"其实，投资行为也是一种创造性行为，要达到合适的目标（如果有目标的话），需要投资者的精神结构，跟时代的精神状况以及投资对象的精神特质相统一"。

"世界的本质是精神的，而精神是客观的，不是虚无缥缈的。"他总结道。

张小龙的花与三大根据

接着，他又习惯性地举例说："这就和张小龙的花一样。"

还没等我回过味来，他又快快地补了一句："其实，张小龙的花就是王阳明的花。"

这真是个有趣的比喻！不过，这的确也是微信创始人张小龙自己给出的解释。最初，张小龙设计的微信开机界面是，一个小人站在一个巨大的蓝色的地球面前。2018年12月21日晚，微信改版了。在初次打开7.0新版本的界面时，其开屏动画是蓝天背景下的一朵花，和"因你看见，所以存在"八个字。对于改版后的微信新界面，张小龙在朋友圈里直接引用了王阳明的一句话："你未看此花时，此花与汝心同归于寂；你来看此花时，则此花颜色一时明白起来。"

此句出自王阳明《传习录》中的名篇——《岩中花

树》里的对话："先生游南镇，一友指岩中花树问曰：'天下无心外之物，如此花树，在深山中自开自落，于我心亦何相关？'"王阳明是要用那句话来说明"心外无物"的道理。

诸葛无名又进一步地解释道："我理解他想表达的是，一个人的精神最后是要归一的，就是要归一到对人生、对世界是一个怎样的认识上，要回答这个世界的本质是客观的还是主观的、是唯物的还是唯心的这样的问题。"

"其实，张小龙的花代表的就是张小龙的世界观人生观，具备了怎样的世界观、人生观之后，才有怎样的投资观。这非常重要！这也就是为什么我要不停地追述前提的前提一样。只有这样，你的各方面行为、你的不同面孔才会合到一里面。"

2018 年 12 月 12 日，在腾讯 2018 年度员工大会上，张小龙特意提到了亚马逊 CEO 贝佐斯的一句话——"善良比聪明更重要"，他说："以前我一直没有明白这个道理，我现在明白了，因为 AI 比你更聪明，更懂套路，但是你可以比它更善良。"——或许这就是诸葛无名所理解的张小龙的世界观和人生观吧。

不过，我对诸葛无名是如何达成合一的更有兴趣。

他笑了笑："当然，一方面，我需要去思维思维；另一方面，它本身不是空转的，它一定是要能够指导我的投资现实的。这就有了一个从哪里下手的问题：我找到了三个下手的根据，一是人之为人的根据……"

我笑着插嘴道："你这投资都投资出哲学来了。"

他抿了抿嘴，轻轻地但语气坚定地说道："其实，人人都有自己的哲学。"

"嗯。"我同意，不再笑。

他继续说："然后，我要找到企业之为企业的根据，我还要找到社会发展的根据。如果这三个根据能够获得一种统一，那么我理应能够找到合适的投资对象，达成合适的投资目标。"

"如果说思维思维本身是一个'上'，那么找到三个根据就是'下'，上和下要达成一个贯通。我必须要用思维的武器才能找到这三个根据。"

我问："那这三个根据是什么呢？能说得具体点吗？"

他把身体往前靠了靠，"第一个，是人之为人的根据。首先，人是区别于动物的，人跟动物的不同，就在于人的精神性或者说是思维性"。

"我们还必须在此基础上延伸，要看到人也区别于人，比如中国人区别于美国人。但区别在于什么呢？就在于中国人跟美国人有不同的精神结构。"

我很好奇在一个炒股人的眼里中国人区别于美国人的精神结构在于何处。

但他本人却仿佛被这样的提问弄懵了，突然显得有点慌乱："哦——，这就太多了，这也不是我的领域了。"

但随即又补充道："不过，这也是我需要慢慢深化努力的方向，是我以后要做的事情。"

他缓了缓，继续说："比如，这时候就可能会提出这样的一个问题来：假如巴菲特[1]出生在中国，可能会怎样？——其实，我也不知道。我只是自然而然地提出这样一个问题。为什么这么说呢？因为国内太多人想学巴菲特了，而且把他奉为圭臬呀什么的。但是，大家有没有真正去究竟他，那就不一定了。"

讲到此，诸葛无名停了下来，顿了顿，才接着说："这是人之为人的根据。第二个根据是企业之为企业的根据：从企业的外部角度而言，它应该是为解决社会问题而生的。"

我又忍不住打断了他："现在很多做企业的人恐怕没有这样往深处去想吧。"

他从容地答道："没关系啊。我的意思是，不同的企

---

1 沃伦·巴菲特（Warren Buffett，1930 年 8 月 30 日—），美国人，著名的投资商，从事股票、电子期货、基金等行业。2016 年 9 月 22 日，彭博全球 50 大最具影响力人物排行榜，沃伦·巴菲特排第九名。2016 年 10 月，在《福布斯》杂志发布的年度"美国 400 富豪榜"中，沃伦·巴菲特排第三名。2017 年 7 月 17 日，《福布斯富豪榜》发布，沃伦·巴菲特第四。2018 年 3 月 6 日，福布斯 2018 富豪榜发布，沃伦·巴菲特排名第三位。

业会展现不同的特征。它们的外部一定是为了解决某个社会问题而产生的，内部会受各相关方影响。因为企业是一个相对复杂的有机体，它的组织中有各种各样的安排和利益相关方。只有当一家企业建立在合适的内部和外部的根据之上，这个企业才能获得一个良好的发展。"

"至于社会发展的根据——"他拖着长音说："嗯，这是一个问题！我说不出一二三来。但我有感知，只不过还达不到一个理论总结的水平。"

我问："那你的感知是什么？"

他若有所思地缓缓答道："我觉得社会总体是往前进步的。这种进步有各种推动力，比如制度方面的、技术方面的、群体的、个人的，等等。"

原以为他会展示一个惊艳的视角，不曾想却是一个老套的进化论答案。我有些失望，只好硬着头皮继续发问："那你对进步的理解是什么？"

他轻咳了一声，"要给进步下一个标准性的定义是很难的。如果就精神生活而言，评价进步是什么可能会更加莫衷一是了"。

"但是，从投资方面来说会相对容易一些，因为从一个功利的角度来看，投资的显性目标就是为了获得超额收益，就是比其他人更快的资本增值速度。用它来衡量进步的标准，这样反倒是显而易见的了。"

"如果从这个意义上来衡量什么是进步，那就是显性的物质生活的丰富。另外，还有很大一部分领域也是可以从这个角度来衡量的。"

"这是思考的层面，那实践呢？"

他没有直接回答我的问题，而是说："其实，实践永远消失不了它的盲目性，因为它永远是在许多不完备的条件下进行的行为，所以我们需要思考。"

显然，他并不想回应这样问题。他继续在自己的逻辑中："我主要想的就是，社会是由人组成的，人的本质是精神的，因此，在某种意义上，社会的本质也是精神的。如果有价值目标的话，那么，社会发展的目标无论说是文明的升级也好、进步也好，都是主观的价值判断。"

"城头变幻大王旗"

这种进化论的腔调在当今的学术界是很不讨好的，许多人更愿意以一种刻意放低的姿态去发表一番"关注"不发达地区及民众的言论。我也不能免俗，借题发挥问了一个不太相干的问题："那你怎么看待原住民？他们的文明（包括生活方式）也应该升级吗？"

他简单干脆地回答道："这我没有想过。"紧接着又自我辩护道："我想不想不重要，更重要的是社会会做怎样的选择。"

这么轻率的回答，岂不是在故意放弃作为一个文明人的基本的社会责任吗？我以一种追穷寇的语气说道："但社会的选择也是由许多人的共同选择集合在一起的呀。"

诸葛无名却不急不恼地说："我明白你的意思。但是，每个人都是有自己的价值主张的。还有人提出个人要为历史负责……"

听到这句话，我突然觉得，作为普通人的我们，这样想似乎有点可笑，不禁自嘲道："哎哟，那这太难了。"

他继续缓缓地说："就是呀，个人要负多大的责呢？儒家（也就是中国人）考虑问题的方式是一圈一圈的，就是所谓的由内往外、推己及人……"

他边说边做着手势，我觉得他是想要在这方面更多地发挥一下，但好像又遭遇了困难。他把手臂收回来，双手交叉相互揉捏着，"我最后想说的是，有了前面的这些铺垫，我们就应该发现一些可能合适的投资机会。这些投资机会一定会发生在范式转换之时。因为城头变幻大王旗[1]

1　这句话出自鲁迅的诗作《惯于长夜过春时》："惯于长夜过春时，挈妇将雏鬓有丝。梦里依稀慈母泪，城头变幻大王旗。忍看朋辈成新鬼，怒向刀丛觅小诗。吟罢低眉无写处，月光如水照缁衣。"参见鲁迅：《南腔北调集·为了忘却的纪念》，《鲁迅全集》第4卷，人民文学出版社，1981年。最初发表于1933年4月1日《现代》第二卷第六期。

的时候，也是英雄辈出的时候。我想说的，也就是乱世出英雄的意思，还可以用另一个词来代替，就是'革命'"。

"革命?"这是一个敏感的词汇！我有点吃惊："你觉得现在是一个革命的时代?"

他点点头："我觉得是的。但首先我要对'革命'这个词做一些限定，我是把它限定在经济领域内。"

"比方说，现在人们的信息交流和物的交流方面，基本的交流方式都发生了革命性的变化，或者说都处在革命的不同阶段。"

我不得不承认他所说的这些变化是人人都显而易见的，却又处之坦然的现象。但我还想找到一些不那么普通的现象，于是有点心所不甘地追问："那么，其他还有什么呢?"

他双手一摊："其他的我说不上来。除了经济，我对社会和政治了解太少，可能也没有那方面的感知力。"

话到此，诸葛无名似乎意识到他之前对"革命"一词的用法有些欠妥，于是自我修正道："'革命'这个词可能不是太恰当。其实，革命也跟变化联系在一起，革命有点像剧烈的变化，变化相当于温和的革命。"他说得缓慢而谨慎，显得小心翼翼的。换言之，他所说的"革命"并非是一种断裂。

停了一下，他继续道："我们做投资就是要找到那些能发生剧烈变化的领域。"

我盯着他问："可以说得具体些吗？"

他说："比如说，1978 年开始的改革开放，那就是一场范式革命。这场所谓的'范式革命'，把党和国家的工作重心转移到了经济建设上来，改革开放的决策是历史性的。具体表现在当时的一个口号'时间就是金钱、效率就是生命'上。"

我注意到，这个话题他之前也提到过。而且在提及这个口号时，诸葛无名的发言大纲上又一次地引用了百度百科上的说明文字："1982 年，'时间就是金钱、效率就是生命'被誉为'知名度最高，对国人最有影响的口号'。这句在今天看来平常得不能再平常的口号，在当时却引起了轩然大波。一直到 1984 年，邓小平第一次南巡，对这句标语表示了肯定，争议才得以平息。有人说，中国走向市场经济正是从这句口号开始的，深圳则为改革开放创造了一种模式。"[1]

他接着又说："鲁迅说，'美国人说，时间就是金钱；但我想：时间就是性命。无端空耗别人的时间，其实是无异于谋财害命的'。"[2]

---

1 https：//baike. baidu. com/item/时间就是金钱/10789153? fr = aladdin.
2 这句话出自鲁迅的杂文《门外文谈》，1934 年发表于《申报·自由谈》。

　　诸葛无名接连两次引用鲁迅的话，但我却感觉很是无厘头，因为，显然他对鲁迅当时写作的时代背景和思想语境并不了然，或者确切地说他也并不在意。诸葛无名只是在他的思考中，调用了那些对于他而言，从字面上能够最好表达其当下交谈中逻辑关系的所谓"名人名言"，再以他惯用的穿墙之术把它们嫁接在一起。

　　因此，当他提到"城头变幻大王旗"时，他想到的更可能是曹操、刘备、关羽、张飞等人，也可能是《水浒》中的一百零八将等等那些演义故事中的好汉，所以，他将这句话与"英雄辈出"、"乱世出英雄"[1]连在了一起。而诸葛无名并不知道"城头变幻大王旗，忍看朋辈成新鬼"。这句诗是鲁迅 1931 年 2 月在上海花园旅馆避难时，得知柔石等"左联"五烈士遇害的消息后所写的，意指军阀混战时期，执政者变换频繁，大有你方唱罢我登场之势，从而演出了一场场的政治闹剧。他可能更不知道在烈士遇难两周年的日子，即 1933 年 2 月 7—8 日，鲁迅带着无限的悲愤写下了著名的杂文《为了忘却的记念》。

　　由此，所谓的"乱世"，在诸葛无名的话语中，并不一定是指一个很糟糕的时期，而是指一个社会的政治或

1　[南朝宋]刘义庆：《世说新语·识鉴》："曹公少时见乔玄。玄谓曰：'天下方乱，群雄虎争，拨而理之非君乎？然君实是乱世之英雄，治世之奸贼。'"

经济方面发生大变革的时期。在这样的时代，机遇和挑战并存，只有看准了时代潮流，并勇于创新、敢于接受新事物的人，才能脱颖而出，也才能成为真英雄。所以，在他看来，所谓的"英雄"应该具备两个基本特征：第一，英雄认清了事情发展的本质，第二，英雄顺应了时势的发展。

这英雄认知的主观性与客观性表现在投资者的身上，就是在整个国家及社会的变化带来经济的转型时，要清醒地认识到，并把握住投资的机会。

而鲁迅那一段关于"无端空耗别人的时间，其实是无异于谋财害命的"话出自他的另一篇杂文《门外文谈》。那是鲁迅晚年基于自己的文学实践和 20 世纪 30 年代的"大众语文论战"，提出的对当时文学状况的一些反思，指明了新文学家对于人民大众所应采取的立场和态度，并通过对这些语言和文学的思考，实现了他对未来的社会和大众的想象。

在那段话中，鲁迅把时间比作了人的性命，体现出鲁迅既珍惜自己的时间，也很珍惜别人的时间。即所谓"一刻千金"的意思，但并没有像上一句话有那么厚重的历史背景和深意。然而，诸葛无名却把这句话与"时间就是金钱、效率就是生命"连在一起来看，为他所理解的范式转变寻找依据。这种不同知识点之间的嫁接和重新理解，正是诸葛无名得以形成"他的"投资哲学的重要方式。

在和诸葛无名的对谈中，虽已有了对于他这种如同穿墙而过的思维模式的理解，但我仍想进一步澄清我的疑惑："这和前面那句话有什么关联呢？"

他低头看着自己的手，沉默了一小会儿说："这两句话之间没有什么直接的关系。我只是想说，持续 40 年之后，前一种范式遇到了问题，应该转换方向了。"

澄清了疑问，我也回到他的问题上顺势问道："转向哪里？"

他眨眨眼睛："现在，社会经济生活的主旋律应该已经从时间就是金钱、效率就是生命，转到了时间才是生命，效率就是金钱。"

见我从键盘上抬起头来看着他，诸葛无名又补充道："我这不是在做文字游戏，我觉得这是投资行为的指南。就是说，现在的社会更加注重从效率到公平了。"

"经济发展一直在效率和公平两个维度上进行，改革开放这四十年来主要是围绕着效率进行，所以才有了'时间就是金钱，效率就是生命'这样的口号。但经济发展到今天，公平的重要性越来越高了，所以应该把时间还给生命，把效率跟金钱挂钩。"

最好的投资机会是在范式转换之际

"其实，绕来绕去，我想说的就是一个事儿，我有一个核心的东西，那就是前提的前提。我一定要不停地考虑前提的前提。这就是我发言时要说的第六部分：最好的投资机会就是在范式转换之际。"

我终于明白，在整个对于投资的思考中，从始至终，诸葛无名最强调的其实都是范式及范式的转换。

终于说出了最后的结论，他好像松了一口气，又趁势进一步总结道："其实，就是一定要跳出来比较，而不能在一种模式或范式中不自知。要比较模式与模式之间的差异，这样就带来了投资的机会。所以在这个时候，一定要站得高，才能看得远，要不停地往前推，把事物发生的假设条件找出来。"

说完这几句话，他伸展了一下身体，我感觉他有一种畅快感。于是，几乎是不加停顿地，他继续说道："因为，矛盾和问题不是被解决掉的，而是被消解掉的。只有站在一个更高的高度才能消解矛盾和问题。"

他又举例道："比如，邓小平访问日本，当时国内对日本的情绪还处在一个相对比较负面的状态。如果有人问我，你觉得邓小平会怎么解决这个问题？我肯定回答不上来。不过，之后，我们知道邓小平大致是这么说的：从历史上看，很久以前我们就很好，只不过近代出了点问题；但往后看，我们依然将会很好。[1]"

"这句话给我的启发是什么呢？——就是对待问题，你要么把它缩小、要么把它放大，你不可能针对这个问题本身去解决它。大部分问题不是被迎面解决的，问题都是被消解掉的。它要么是被缩小了，要么就是被充分放大了。"

我有点不得要领，因为诸葛无名的这段话似乎跟之前谈论的主题并不完全契合。但我还是顺着他当下的语气问道："那你觉得应该怎么消解？"

他表情从容地答道："要么靠时间消解，要么靠空间来消解。"

我不以为然地笑道："那不就是拖吗？"

他表情严肃地摇摇头，"也不是拖。因为什么呢？比如说，十年前，如果你让我去买房子，我会很吃力。那我怎么办？我绕道走，我先租个房子，有地方住了，我就把

1　1978 年 10 月 22 日至 29 日，邓小平对日本进行正式友好访问，成为首位访问日本的我国国家领导人。在官方的表述中，邓小平提到："中日条约可能具有出乎我们预料的深远意义。过去的事情就让它过去，我们今后要积极向前看，从各个方面建立和发展两国的和平友好关系。""中日友好源远流长。我们两国之间虽然有过一段不幸的往事，但是，在中日 2000 多年友好交往的历史长河中，这毕竟只是短暂的一瞬。"

这个问题先放一放。然后我干吗呢？我去炒股票，也就是去找自己当时可以做的事情，先做起来。等我慢慢熬出来了，再回头去看，那些问题就都不是问题了。"

"所以，问题之所以产生，它一定要么是时间问题，要么是空间问题，要么就是时间和空间结合的问题。那么好啦，当前的这个时间解决不了这个问题，你就拉长时间看；当前的这个空间不能解决的问题，你就绕个道，回头看，就都可能解决了。"

"但如果要硬碰硬地解决，也不是不可以。比如，有人就找父母借钱、找亲戚朋友借钱，最后买了房子。这是正面解决问题的办法，这也是一种方法。但是，这可能就会拖累了你，带来了其他问题。这样，最后它就可能反过来束缚了你。"

我想，对于当今的绝大多数中国人来说，买房一定是一种刚需，只不过如何完成这一刚需则是个见仁见智、各显神通的事情。但显然，诸葛无名不是一个完美主义者，他不认为那一刻自己有办法时，他就绕道而行，他不会卡在一个单项选择里不知变通。只见他拧开矿泉水瓶，喝了一口水，继续说："反正，那不是我解决问题的办法。"

我突然觉得，他不仅拥有一种穿墙而过的思维方式，还具有一种"破"的能力。这种破局思维，既使他能够抓住范式转换时的先机，快速致富；也能让他在成功之后继续自我反省。

"在炒股上，我为什么会变得比别人轻松了，就是我看到了他们看不到的东西。为什么能看到？主要就是因为我解决问题的办法跟他们有点差异了，他们着急，那我给他们让个路，我不着急。别人求当前，我求以后。他们的时间段按一年来算，那我就尽量按一年半两年来算，我错开竞争。"

夫唯不争，故万物莫能与之争。这可能才是最高的智慧。

"那我凭借什么赢利呢？"诸葛无名不等我提问，又自问自答道："我要凭借的一定就是我对这个事情的把握，别人搞急的东西，看什么能赚，大家一哄而上，把钱都投进去了。那他们就一定把很多东西给冷落了，那些被冷落的东西，稍微放一段时间，它又是确定的东西，是好东西了，那时候，我再拾遗补阙。"

看得出他是擅长等待的人。看着他笃定的样子，我忍不住呵呵笑了两声，他立马补充道："当然，我的判断也有可能会错，但我已经给错误预留了空间。"

"因为，如果你展望一只股票在两年的时间里能有一个合理的收益，那也是看得见的。如果觉得那是大概率的事情，就是值得下注的。有句话不知谁说的：读书时是同贤者交流，行动时是与傻子对话。想想真的是这样！投资时每个人都会有他的盲目性，我们能做的就是尽量把盲目性缩小范围。"

他伸了伸腿，舒展了一下身体："投资者的工作看起来好像是一系列的工作，很复杂。但它其实就只是一件事，也就是王阳明说的本是一物、本是一事。"

他指着大纲上的最后三行文字给我看：

"投资者的工作：格物、致知、诚意、正心、修身、齐家、治国、平天下。"

"工作的条理：天下、国、家、身、心、意、知、物，本是一物。"

"条理的工作：格、致、诚、正、修、齐、治、平，本是一事。"

"这些其实都是相互贯通的，因为人最底层的那个观念、那个价值观有了之后，而且是稳固的之后，那么，他的行为只不过是展现出不同的方面而已。"

诸葛无名的这三行文字实则取自《大学问》篇，原文为："盖身、心、意、知、物者，是其工夫所用之条理，虽亦各有其所，而其实只是一物。格、致、诚、正、修者，是其条理所用之工夫，虽亦皆有其名，而其实只是一事。"[1]《大学问》是王阳明的纲领性著作，被其弟子视为

---

1 《王阳明全集》卷26续篇一《大学问》，上海古籍出版社，1992年。

儒家圣人之学的入门必读之书。所谓身心意知物，是工夫对象所用的条理，虽然它们各有存在的场所，然而其实只是一物而已；所谓格致诚正修，是就身心意知物之条理所做之工夫，它们虽然各有其名称，然而其实只是一事而已。

诸葛无名以阳明心学的要旨来概括自己的投资策略，要说过于宏大，的确不小。但他从自身行业着手来理解守仁之学，不可谓不是找到了格物的入手之处；这样的思维方式，要说太过穿越，的确是跨越了时空和知识的边界，但这种穿墙的本领却让他找到了当下生活及行事的依据，这也不可谓不是一种解悟和体证。

我发现，在几乎所有关于投资的对话中，诸葛无名都会反复提到中国的传统文化，将儒家格物悟道的解释与他在现实世界中的投资炒股结合在一起。把格物看作是穷究事情的道理、获得真知的过程。并将最终目标的悟道看作是他投资成功的具体表现。这种将一种高深的哲思转换为实际的投资理念的思维方式，成功地让他既避免了投资时的盲从心态，又实现了在获得超额利益的同时自我精神世界的提升。

而关于 2019 年年初的那次论坛，事后，他告诉我："我在那里说的话比在这里和你说的少得多，因为主持人并没有给我多少时间，是四个人在一起讨论。"

随后，他又有点自豪地补了一句："不过，如果那个论坛是现在搞的话，主持人一定会给我一个主题演讲的机会的。"

我明知故问："为什么?"

他笑答："因为猪倌的股票涨上来了呀!"

随即，马上又谦虚地加上一句："不过，现在的整个股市都在涨。"

三、"我发现猪倌，如同黑格尔看见马背上的拿破仑"

关于猪的思考

诸葛无名目前持股最多的企业是那家我称作"猪倌"的生猪养殖企业。记得他在第二次和我见面时就提到了猪倌，在之后的每次谈话中，他都会从旁人看来完全不相干的话题转到猪的身上，这也是让我感到好奇的地方之一。最初，以为可能是因为他出生在农村，早年的经历让他对猪有一种亲切感；之后，在股票市场上便对有关猪的企业有了更多的关注。然而，在他自己的解读中却并非如此。

谈及此话题时，诸葛无名仍然沿袭了他关于范式转换的思路。他说："我们做投资，就是要找到那些能发生剧烈变化的领域。我正好看到一句话，是黑格尔说的，我也不知道它具体出自哪本书。"

诸葛无名指着他发言大纲上的一段文字给我看："我看见拿破仑，这个世界精神，在巡视全城。当我看见这样一个伟大人物时，真令我发生一种奇异的感觉。他骑在马背上，他在这里，集中在这一点上他要达到全世界、统治全世界。"[1]

然后，他继续说道："很显然，是世界精神选择了拿破仑，而不是拿破仑选择了世界精神。那么，我就想到了，同样地，是养猪工业化的精神选择了猪倌，而非猪倌选择了养猪工业化的精神。"

这已不是诸葛无名第一次引用黑格尔的话了，所谓的"世界精神"是 19 世纪德国古典哲学家黑格尔在其历史哲学中使用的一个概念。在《历史哲学讲演录》中，他把"世界精神"看作是人类社会历史发展的基础和决定力量。他认为，在社会历史领域，尽管人们抱着自身的目的去行动，但似乎还有一个不以人的意志为转移的客观法则在起作用。黑格尔断言，人的有意识的活动背后肯定隐藏着更深刻的原因，这些原因是未曾被人们意识到而又支配人们

1　黑格尔的"马背上的世界精神"这段话出自他给好友尼塔麦（Niethammer）的书信中，当天（1806 年 10 月 13 日）拿破仑率法军攻占德国耶拿城（Jena），入城之时，或许黑格尔正好看见。参见［德］黑格尔：《精神现象学》（上），贺麟、王玖兴译，商务印书馆，1987 年，"译者导言"，第 3 页。

行动的最终原因。这个终极原因就是"世界精神"，它主宰着世界和历史，而人类历史不过是世界精神借以展示自己和实现自己的"舞台"，是世界精神发展和实现的过程，历史中的个人和民族则只是世界精神实现它的目的的"代理人"或"活的工具"。

换言之，黑格尔把人看作是"世界精神的实体性事业的活的工具"，把伟大人物看作是"世界精神的代理人"。而拿破仑就是那"马背上的世界精神"。由此，他也就把各个时代的各个民族及其代表人物看作是世界精神用来达到自己的目的、返回自身所必需的手段和工具。

诸葛无名以黑格尔的话来解释他对猪倌股票的选择，其实就是为自己的投资决策找寻到了一个上升到哲学层面的合理性依据。

不过，我还想挖掘出一些他自身更个体的原因，于是问道："那你自己又是为什么选择了猪倌的股票呢？"

提到这个问题，诸葛无名的表情显得轻松了一些，但仍沉浸在之前的逻辑中，他答道："首先，我的精神结构跟养猪工业化的精神产生了共鸣。"

随即他又谦虚地说："其实，我并不是多么地了解黑格尔这个'世界精神'的内涵和外延。但是，我有一点点自己的理解，我觉得他是在说，这种精神是客观存在的，它不是以人的意志为转移的，它应该有自己的运行机制。

而这个时候出现的人，就是对这个精神的体现。当时那个人就是拿破仑，他是作为精神载体出现的。"

说完这句显得很哲学的话，诸葛无名又快快地加了一句："黑格尔看见拿破仑，就如同我看见猪倌一样。"

如此跨界的联想和解读让我感觉十分新奇有趣，我不禁哈哈大笑，他被我笑得有点不好意思，赶紧又再补了一句："当然，这只是类似而已。这样比较可能有点像一个小丑跟大师比一样，但无所谓了。"

我赶紧收住笑："你的比喻很给力！真的！"

随后，他告诉我，大概是在一年多前，也就是2016年底时，因为一个刚入行不久的股票研究员的一句话，他开始关注这只股票。起初，也并没有太在意。然后，在另一次投资朋友间的闲聊中，又有人提及这家企业。据此我猜想，相互打听或介绍一些投资信息，这应该是他朋友圈里经常遇到的事情。但我好奇，究竟是哪一点触发了他对猪倌进一步的兴趣。

诸葛无名说："是效率。大家都说它成本低。因为养殖成本低，它的企业效率自然就高了。由此，我就开始真正关注起来，把它的资料认真看了一遍，对它有了一个轮廓性的了解。然后，我想我应该深入地去研究一下它。"

于是，在决定购买猪倌的股票之前，在不到一年的时间里，诸葛无名先后四次亲赴猪倌进行实地考察，并数次对从东北、华北到江南各地的养猪企业，及其与养猪相关联的饲料供应、猪瘟防疫、政府支持、当地反应等方方面面进行了全方位的调研。

显然，他并不是简单相信了他人的判断就贸然进入这个领域的，而是做了大量扎实的调查研究和分析考量后的谨慎抉择。

我很想知道他的调研是怎么做的，有什么有意思的发现。他对我说："我主要做了两方面的工作：一内一外。先说外吧，我发现有几点：第一点，生猪养殖这个行业很大，国内生猪养殖行业的市场规模大到一万亿以上。第二点，这个行业分散，行业前十名的集中度占比不到百分之七，就是说前十名的养殖规模不到总体的百分之七。"

我一头雾水地问："那中国人吃掉的那么多的猪肉都是从哪里来的?"因为有数据显示，中国一年要消费掉 6 亿头猪，占全球数目的近一半。根据网易味央发布的《2018 国人猪肉消费趋势报告》，每个中国人，平均一年要吃掉近 40 公斤的猪肉，在国民肉类消费中，猪肉占比能到 62%，远远高于牛羊肉和其他所有肉类的总和。[1]

他双手一摊："所以呀，这就是中国的现实啊！——我们吃的肉大部分都是农民散养的。一户农民，他就养了

---

[1] http：//www. 199it. com/archives/843257. html.

几十头或十几头的猪，他可能给猪乱打抗生素乱喂饲料，你也不知道。"

有统计数据表明，中国的养猪业中，小规模农户依旧为主体。目前，每年出栏生猪中，有70％来自规模为500头母猪以下的小型生猪养殖场，5000头母猪以上的猪场总出栏量不到1亿头。

了解到这个惊人的事实，我在心里对自己说，以后要少买少吃猪肉了，但又一想，恐怕儿子会有意见。没等我想清楚到底要不要少吃猪肉的问题，他已继续往下讲了："第三点是行业内各企业的竞争力差异悬殊。第四点是这个行业具有明确的周期波动性，主要是价格，呈现出四年一个周期的剧烈波动。"

我问："为什么?"

他答道："这只是追踪历史看到的现象，这个现象背后更多的是供应的原因而不是消费的原因。之所以这样，是由两个点决定的：当供应减少，价格就上升，因为消费变化不大。"

"在经济社会里，商业利益是最大的推动因素，当养猪不赚钱的时候，人们就会少养猪；当养猪的人越来越少的时候，就会出现供应短缺，那么养猪的人又开始变多……但是，为什么不是五年不是三年而是四年，我给不出具体的原因，有一个比较重要的因素，可能是跟养殖本身的特点有关，从母猪产子到肥猪出栏需要十个月的时间，再到小猪具有再生产的能力也需要六个月左右的时间……"

关于这个养殖的特点，我感觉诸葛无名讲得并不是很流畅，他自己也意识到了，于是解释道："我并没有在这方面进行深究，这不是我关注的核心因素。因为放在整个投资框架里时，这个四年就变得不那么重要了。"

"总之，就是它有一个自身的养殖特点在里面。"

为了搞明白这一点，我在和诸葛无名谈完后自己做了一点功课，结果发现所谓的"猪周期"是生猪养殖行业里的一个常识，主要是指猪肉价格和供需之间的周期性变化，表现为"猪价上涨—母猪存栏量增加，生猪供应增加（过剩）—供给过剩，猪价下跌—大量淘汰母猪，生猪供应减少（短缺）—供应短缺，猪价上涨"。简言之，猪肉的价格就是"价高伤民、价贱伤农"吧。猪周期通常为三到四年，从繁殖种猪到商品猪最终出栏，需要 1 年半左右时间，滞后性导致新增产能落地时，市场已经供过于求，猪价随之在又一个 1 年半时间里持续下跌，最终大批农户退出市场、供给减少，猪肉价格再次上升，形成周期。

本轮猪周期的补栏高峰从 2017 年算起，其拐点大概应该出现在 2020 年上半年，但因为非洲猪瘟的影响，养猪企业的产能会加速出清，这也意味着本轮猪周期的拐点会提前到 2019 年的年中到来，甚至更早一些。疫病是偶发因素，但也会对"猪周期"产生影响。因为非洲猪瘟的影响，母猪存栏下降，养猪户补栏的积极性也大大降低，而消费变动不大，这就会导致供需缺口的出现。有分析师预计，猪肉价格超季节性上涨将持续 2019 年全年。[1]

事实既印证了各种专业的分析，也印证了诸葛无名年初的预言，2019 年 2 月 11 日，猪年 A 股首个交易日，猪肉概念股就应声全线爆发。[2]各大媒体纷纷以"猪肉概念股'开门红'猪周期行情拐点或提前到来"为题进行了报道。

4 月 23 日，农业农村部畜牧兽医局副局长王俊勋公开表示，猪价已经提前进入了上涨周期，预判全年猪肉产量会下降，后期生猪供应会趋紧，四季度活猪价格将会突破 2016 年的历史高点。[3]同时，在沪深两市延续下跌行情，三大股指低开回落，沪指险守 3200 点之时，各大财经媒体都以"猪肉概念股逆势拉升"为题进行了相关报道。[4]

哪怕是到了 6、7 月份，中国股市因中美贸易战影响处于震荡时期，据《中国证券报》的报道：7 月 8 日，在

---

1 参见：https：//www.fx168.com/fx168_t/1902/2919387.shtml。

2 http：//www.yjcf360.com/bankuai/17568659.htm。

3 http：//www.sohu.com/a/309809600_123753?_f=index_chan08news_3.

4 http：//www.sohu.com/a/309819160_561670?_f=index_chan08stock news_1.

大市走软的背景下，猪肉股却逆市大涨。统计显示，当日
A股142个概念指数中仅有5个实现上涨，猪产业指数上
涨1.9％，在所有指数中涨幅位居第二位。且有证券分析
师认为，从今年整体表现看，猪肉股涨幅颇为突出，猪产
业指数成分股中有8只股票年内累计涨幅超过100％。[1]

不过，作为典型的周期性行业，猪肉股并不是一直这
么"值钱"的。实际上，猪肉价格的波动应该属于一种相
对正常的行业现象。而且，为了尽可能减小波动，国家一
直在通过政策补贴、扶持规模化养殖、投放储备猪肉、防
灾防疫和加强流通渠道管理等多项举措规范市场、稳定猪
价。2019年11月初，农业农村部部长韩长赋主持召开常
务会议，要求全力恢复生猪生产，督促各地严格落实省负
总责和"菜篮子"市长负责制。[2]在2019年末猪肉价格企
稳并预期回落后，资本市场上持续半年的"猪疯狂"也告
一段落。自10月底起，之前股价进入巅峰的各个生猪养
殖股份纷纷开启下行趋势，股价均有所下跌。

说完猪周期之后，诸葛无名继续往下说："第五点是
平时不显现的，但还是应该列在这里的。那就是，这个行
业的封闭性较强，国际贸易占比非常小。"

我好奇地问："国家不也从外国进口猪肉吗？各大超

---

1 http://finance.eastmoney.com/a/201907091172688829.html.

2 https://www.guancha.cn/politics/2019_11_12_524861.shtml.

市里面都有卖进口肉类的专柜呀。"

他笑了笑，说："是的。但是，你恐怕不知道，国内最缺肉的一年是 2016 年。但是，即使在那一年，进口猪肉的占比也不超过百分之五，这是有数据统计支持的。[1]"

"行业的封闭性对做投资的人来说非常重要。因为国内没有生产优势、没有成本优势，也就是说，中国的养猪成本要远远高于其他国家。"[2]

我不太明白这与诸葛无名的投资有什么关系。

他调整了一下身体的姿势，耐心地回答道："因为我投资的对象是养猪企业。这个企业，它一定要考虑它的竞争对手，如果它的对手比它的成本低，那它就很难赚钱。而当这个市场处于相对封闭的时候，它来自外部的竞争风险就下降了。这就相当于中国建了一堵墙，把那些成本低的肉挡在了外面。"

联想到中美贸易战中，大豆成了武器，双方为此"豆来豆去"。于是，我问道："为什么我们要进口那么多的大豆而不直接进口猪肉呢？"

---

1 http：//xueshu. baidu. com/usercenter/paper/show? paperid＝91c96825199
   24e2d5d60f75e51143aa6&site ＝ xueshu ＿ se；https：//wenku. baidu. com/
   view/598999ee6429647d27284b73f242336c1eb930b7. html.
2 据中国海关总署公布的数据显示，2016 年中国全年累计进口猪肉 1620192
   吨，较 2015 年全年进口量增加 108.4％。进口猪肉总额超过 211 亿元，进口
   猪肉均价约为 6.5 元/斤，这与国内的价格相比，都低于生猪价格。

　　面对我这样完全的外行，只见诸葛无名的喉结上下滑动了两下，他喝了口水，然后以一种仿佛要从头说起的姿态开口道："有几点相关的因素。历来，农业都是各个国家要强力保护的对象，这在某种意义上是涉及社会稳定性的一个因素。而大豆牵涉的面，可能相比猪而言，要更小一些。"

　　"这很简单，我们假设，国家大量地进口猪肉。那么，受冲击的会是谁？一定是农民，因为农民大量养猪。如果农民受到冲击，他们的收入就会下降；他们的收入下降了，直接的结果是，这个社会的贫富差距就更加被拉大了；贫富差距的悬殊，必然会使社会变得不稳定。而国家肯定是考虑到了这一点的，有句话叫'猪粮安天下'。"

　　"当然了，这句话在传统社会中意义更大，摆到现在，重要性就没以前那么大了。但是，它仍然还是有很强的现实意义的。"

　　的确，中国自古以来，就有"猪粮安天下"之说，猪肉和粮食是保障我国食品安全的两大基础产业。猪肉作为中国城乡居民生活消费的必需品，在居民肉类消费总量中的比例高达60％以上，尽管近年来畜禽以及牛羊肉的占比有所提高，但是猪肉在中国人餐桌上的重要位置仍难以撼动，因此它具备刚性需求的地位。同时猪肉价格占到CPI比重的3％，可以说猪肉价格的波动不但直接影响着城乡居民的生活水平以及消费情况，而且也影响着中国宏观经济的波动和宏观调控政策走向。

此外，种粮和养猪也是中国农民的主要收入来源。自2018年8月，爆发首例非洲猪瘟疫情以来，截至2019年4月22日，全国共发生非洲猪瘟疫情129起，累计扑杀生猪102万头。以至于有养殖户喊出"猪若安好，便是晴天"的话来。[1] 各地也纷纷打出各种标语，表明要打赢这场猪瘟防疫战的决心。

总之，养猪看起来是小事，其实兹事体大。一头是农户增收，一头是菜篮子工程，两头都是民生大事。

当然，最具象征意义则是，中央政府每年召开的第一次工作会议一定是关于农业发展的，发布的第一份政府文件"一号文件"也必定是有关农业的。

2019年1月3日一号文件发布后，基于文件精神，立马就有财经媒体分析认为，今年股票市场上的农业板块将获得明显的事件性机会，其中需要投资者重点关注两个细分领域，其中一个就是生猪产业链，由于目前生猪价格处于一轮上涨周期起步阶段，相关上市公司已经有所表现，在政策刺激下很可能会有中线机会。[2] 一时之间，猪肉价格的暴涨，让"辞职回家养猪"成为许多人自谑的口头

1　https：//news. sina. com. cn/s/2019-05-28/doc-ihvhiqay1870003. shtml.

2　https：//news. sina. com. cn/c/2019-02-19/doc-ihrfqzka7285593. shtml.

选择。

2020 年 2 月 5 日，21 世纪以来，第 17 个指导"三农"工作的中央一号文件发布。因为 2020 年是全面建成小康社会目标实现之年，也是要求全面脱贫的收官之年，因此，稳住农业基本盘的任务变得很重。受非洲猪瘟影响，2019 年生猪生产和猪肉价格出现明显波动，为此，国家出台了一系列稳价保供政策举措，推动生猪产能开始逐步恢复。2020 年的一号文件中也单列一条，强调要加快恢复生猪生产，采取综合性措施，确保年底前生猪产能基本恢复到接近正常年份的水平。

坊间传闻

给我科普完有关"猪粮安天下"的知识之后，诸葛无名回到自己的思路上来，总结道："从外部来看，行业特征基本上就是这五点。如果再多说一句，那就是，从行业特征再加上产业发展的一般规律来看的话，它的内在要求出现一家企业，在不停地增加市场份额的同时，提升行业整体的生产效率。"

我知道他是指猪倌，所以忍不住发问："但就目前来看，猪倌并不是国内最大最好的养猪企业呀。"

他淡定地回答道："对，它的确不是最大的。之前，养猪精神可能选择了其他企业，它们坐大了。但其实到今天，它们已经过了成长的黄金时期，却依然享受高估值。因为人们往往会错误地以为，过去的高成长在未来仍可延续。所以，我们在投资的时候，如果对行业的成长空间把握不当，就容易陷入成长陷阱而支付高估值，也就是投资失败。"

记得诸葛无名当时继续说："中国人做事讲究'天时、地利、人和'，'天时'被排在第一位，可见其重要性。如果马云在今天才开始做阿里巴巴，肯定做不到 3000 亿美金的市值，因为天时没了，大的趋势不在了。同样，我们做一件事也要考虑时间点是否合适。如果时机不成熟，或者自己还有很多没考虑清楚周全，那就再等等，别着急下手。"

"但回头来看猪倌，这几年的发展表明，它正在成熟起来，除了前面讲的那些，还有就是它的市场份额越来越大，可以说，现在是市场选择了猪倌，是新的产业发展规律选择了猪倌。猪倌是被规定的，它是符合天时的。"

听诸葛无名的这番话，感觉有着某种超越的意识在其中，他看问题并非只固执于一时一事。我也适时地插话道："就如同历史在当时选择了拿破仑一样？"

他点点头，"我们还可以再拿一个对象来比，那就是汽车产业的发展规律在当时选择了福特。这个故事应该是大家都知道的"。

看着他笃定的表情，我猜想，这次诸葛无名一定是觉得他找到了一个比"黑格尔看到拿破仑，他看见猪倌"更贴切的比喻。

他继续道："说完了外部，现在我们来看看内部，也就是这个企业本身的特质。我用一句话来概括：它是一个有理想、有能力、有情怀的高效率组织。

"哈——，你给了它一个很高的评价啊！"我叫起来。

诸葛无名肯定地答道："是的。我对这个公司做的所有调研，最后让我得出了这个结论。"

"先说效率吧，这是最显而易见的。在生猪市场上，它是整个行业中养殖成本最低的一家企业。即使在这样的情况下，它仍然不停地走在不断降低成本、提升效率的路上。因为效率是一个指标，从这个指标能够看出一个企业整体的状态来。"

"我给你一些直观的东西看一下。"诸葛无名拿出他的手机，在上面找寻着什么东西，然后把手机递到我面前说："你看，这是我去他们公司时拍的几张照片，这是公司本部大楼的大厅。"

我看见大厅正面的墙上有一块匾，上面写着："公司

三、"我发现猪倌，如同黑格尔看见马背上的拿破仑"

价值公式：XX - XX = XX。"[1]诸葛无名说："这家公司总是教育员工要努力创造价值，让个人创造的价值大些、大些、再大些。"

我不以为然地说："现在很多公司都有类似的口号和标语呀。"

诸葛无名笑了一下："我明白你的意思。我们不能仅听其言，更要观其行。你再看，这是它的食堂。"

我看见照片中圆形餐桌上的盘子和碗几乎都是空的，我疑惑地问道："这说明什么呢？"

他把身子往前挪了挪："这是我们考察结束，在公司吃完饭后的情况。我为什么拍这个呢？你看，我们吃完后，盘子里的东西基本上都清空了。"

"它公司有一个内部规定，就是请客吃饭时，公司内部的相关人员要先交押金，如果这个饭没有吃完，押金是不退的，因为这说明他前期工作不到位。"

我觉得这个规定有点匪夷所思："如果他给你我同样的饭菜，很可能我就吃不完，那这能说明是招待方的错？"

诸葛无名肯定地点了一下头："对，就是这个意思。"

我有点替他们叫冤："这个规定有点过分了吧?!"

诸葛无名说："其实，它就是想提倡简约，简约

---

1 为了避免做广告之嫌，此处我隐去了该公司的具体口号。同时，也不展示诸葛无名向我提供的照片。

到……，当然，这可能是有点极端了，我也不想在这方面过度引申。但我去那里吃过几次饭，的的确确都是这样的。"

他又进一步解释道："这其实是一个系统性工程，你看，首先，一开始各部门上报，要有多少人去公司参观，需要吃饭、合适的口味是什么；然后是厨师做饭，饭菜的搭配，他得要有一个合理的估计……当然，这些不可能做到完全合适，但他应该提前要有所考量。"

我有些无语。诸葛无名给我展示另一幅照片："你看，这是公司上班的时候，在楼下电梯前，员工都是在自觉不自觉地排队。我想，这是一个公司行为的外在表现。"

他又刷出下一张照片："这是公司的图书馆，里面有一个小牌子，上面写着：'你可以全价取走，你可以半价取走，你也可以免费取走。'"

再刷一张："这是公司的洗手间，很干净、很整洁。——这表明整个企业的管理非常细致。在那幢大楼里，你根本看不出是一幢养猪企业的大楼。"

刷完了那几张照片，诸葛无名继续说："其实，去那个公司之前，我已经看过了他们的财务报表，公司的财务非常优异。但是，看报表，那只是纸上的东西，我必须要找到报表上的根据在哪里，它一定应该在管理上体现出来。"

"我从哪里找依据呢？我可能就需要从他们的行为上找，一是我直接看到的，还有就是我听到的。所以，我去公司，看他们的一言一行。"

"另外，我还听到很多故事，我给你讲几个小故事：据说，老板以前是吸烟的，大楼盖完后，老板做了一个规定，要在大楼里禁烟。于是，老板把自己吸烟的习惯改掉了。这好像只是件小事，但我是这么理解这个事情的：他必须要来一次精神上的升华，他才能在外部行为上跟以往迥然不同。"

能把戒烟这样的小事情上升到如此的高度来考虑，恐怕没点穿墙思维的功夫还真做不到。只是不知道这种戒烟成功的理论是否能推而广之，还是说会如崂山道士一般被现实的墙狠狠地反弹回来。

"还有一个故事是这样的，你知道，在农村，中午喝酒是一个普遍的习惯。早年间，当地一个县里还是乡里的书记去公司考察，中午留在公司吃饭。一个刚从外面招进来的公司副总向那个书记解释说：我们有规定，中午不能喝酒。既然老板不能陪您喝酒，要不我就陪您喝几杯吧。结果，老板当着书记的面，对那个副总说：如果你今天中午喝了酒，下午就去人力资源部办理离职手续吧。"

"这个说明什么呢？这件事肯定既得罪了那个副总，也得罪了那个书记。但我并不是想说公司老板是个多么坚持原则的人。我是看到了，那个老板作为一个商人，在这件事上，他做的是一个短期成本和长期利益的权衡——这是商人的本性。你看这个人，他是越来越着眼于长期利益了，这是他的根本出发点，为此，他愿意做出短期的牺牲。"

这个商人与原则的故事让我想起，曾在网上看到，马云在 2019 年 1 月 8 日湖畔大学内部讲话中说："每个企业，从第一天开始，创始人的理想、观念、能力就决定了你能做多大。"

讲完这两个小故事，诸葛无名想做一个总结，他说："我讲的这些可能只是关于一个企业的一些零散的点。另外，无论是财务分析、经营分析、养殖模式，还是防疫措施等等，也都指向了那一句话：它是一个有理想、有能力的高效率组织。前面说的那些点只不过是从一个侧面去印证而已。"

由此，诸葛无名预测猪倌有一天终将能够成为生猪养殖企业的老大。对此，我并不是太关心。我感兴趣的是，他判断一个企业或创始人的标准是什么。比如，他认为这家企业的老板是一个有情怀的人，但何以见得呢？

他又给我举了个例子，说公司老板是西湖大学的创始校董之一，捐了一个亿。

但我对此不以为然，觉得捐资助学是当今的富人喜欢做的事情，并不一定能够说明他有情怀。

诸葛无名思忖了一下："嗯，大家会觉得，老板嘛，都会经常给大学捐钱的。那我告诉你另外两件事，一是他从 2016 年开始，每年给他所在的县捐五千万来助学。"

"如果觉得这也有点是在做表面文章的话——因为给家乡捐钱也正常，也是很多老板爱干的事情。那我们再看看，这家公司，它每到一个地方发展，也就是养猪啰，它都会跟当地的关系搞得比其他企业更好一些。这就是一个核心竞争力的体现。"

"它的手段是两种方式：一种是助贫，另一种是助学。"

"你看，捐大学，可能是缥缈的；给自己的家乡捐钱，也可能是很多企业都能做的。但它来到不同的地方建养殖场的时候，如果只考虑利益的最大化，它就不需要顾及太多，甚至可能会做出损害当地养猪农民收入的事情来，但实际上它却跟当地农民的关系相处得很好。"

据媒体报道，马云认为一个优秀企业家的标准是："企业家必须要有家国情怀，必须要考虑组织，必须要考虑员工。一切组织是为使命而活着的，最好的管理就是价值观与文化的管理。……企业的灵魂是企业家，而企业家的灵魂就是企业家精神，包括他的理想主义、他的务实、他的使命感、他的价值观、他的团队意识，一直到他的战略、他的战役、他的战术能力、他的 KPI 设置、他对人的关注。"[1] 在诸葛无名的描述中，猪倌老板的形象似乎跟马云对优秀企业家的设想大体一致。[2]

说到此，诸葛无名在座椅里挺直了身体，仿佛在向我表明，他已完美地证明了其选择的正确性，于是总结道："这就是我从外到内慢慢得出的一个相对逻辑自洽的结构。从这种逻辑出发，我们可以推断出，猪倌在未来应该会得到发展壮大，企业价值会得到不断提升。"

如何投资一只猪

完成了这一轮的逻辑论证，诸葛无名转换话题重点："这是从企业的角度来说的。那接下来，如果我们要把它变成一个投资对象，它还需要满足一个特点：市场认知和我的认知之间存在巨大差异。"

"恰好，猪倌的股票在这一点上是满足这一条件的。也就是说，在前期，我必须跟别人看法不同，而我的观点

---

1 http：//www. sohu. com/a/288424259 _ 313745？ _ f = index _ chan08news _ 8.
2 2019 年 9 月 27 日，比利时国王菲利普在布鲁塞尔比利时皇宫，为马云颁授比利时王国大将军级皇冠勋章，马云是迄今为止唯一获得该等级勋章的中国人。菲利普国王表示，该勋章是为了表彰马云在全球范围内坚持和倡导企业家精神，以及在全球公益和教育领域做出的突出贡献。参见：https：//news. sina. com. cn/c/2019-09-29/doc-iicezzrq9082983. shtml。

又是正确的。在未来呢，我的观点会在股票市场上以一种内在精神的形式得以展开，由此，我就可以获得超额收益。"

"我的投资能够获得超额收益，就是因为我把握住了投资对象，我获得了对它发展的一种必然性认识。"

的确，2019 年，中国股市上最有"钱途"的动物，无疑是"二师兄"拔得头彩。随着猪价年内的大涨，养猪上市公司纷纷爆发，新希望市值由年初的 300 亿上升至 800 亿，温氏股份最高涨幅 70％，而其中风头最劲的，当属牧原股份——其股价由年初的 28 元/股扶摇而上，在 10 月底一度超过 100 元/股，十个月上涨 4 倍，市值超过 2100 亿元。

说完，他又补充道："当然，这是在一定的前提条件下，如果条件发生了变化，我的投资观点也会随之发生变化，那是另一种可能。"

他话锋一转："当然，这样做的风险也是存在的。因为我跟市场存在差异，结果也可能是让我获得超额亏损，而不是超额收益。那我就必须在发生超额亏损前把它截断。"

我赶紧问："如何截断？"

他慢悠悠地答道："我要认识到，我对这个公司的认识必须是一个正确认识，是一个逻辑必然性才行。这需要在思维认知上进行认真打磨，如果我认识到了它的必然性的话，那么我就不应该出现问题，获得超额收益的可能性就大。而当外部条件发生变化时，我也能感知，就不至于发生亏损。"

"另外，奇妙之处还在于，认识是一个过程，而且这个过程可能是异常漫长的。所以，哪怕我把我的投资思路说给别人听了，他也可能难以相信。"

我说："换言之，其实你并不怕别人过早知道了你的投资目标？"

诸葛无名自信地回答："一点不怕！怎么说呢？我记得我看过一个微小说，里面的大人告诉小孩子，你应该往这个方向走，这才是正确的路，我已经走过很多弯路了，才证明这条路是对的，但孩子仍然选择了自己的路。等他成为父亲时，他也会向他的孩子重复当年他的父母告诉他的话，而类似的错误再次发生。"

我想起人们常说的一句话：最难的事就是让思想进入别人的脑袋，金钱进入自己的口袋。想必此时，诸葛无名也有这样的感慨吧。

他停顿了一下，然后换了一种相对保守的说法："当然，我最终也希望有越来越多的人听从我的建议。这样才能促使社会资源得到合理配置。这也如同父母对孩子的教育一样，哪怕暂时不听，也要不断教育，何况不是所有的孩子都要自己去重复错误的。"

"而我的超额收益的实现就在于：我的认知是超前的，而市场的认知是滞后的，市场认知慢慢向我的认知靠拢。当这个时间差弥合的时候，我就可以获得超额收益。说白了，炒股赚钱就是要低买高卖才能实现的。换言之，低买是我的认知行为，要实现高卖就需要市场认知。"

"这种超额收益表现在两种形式上，一种是我真的在账面上赚钱了，另一种是可能我也没赚钱，但其他人亏了大钱。"

"比如今年（2018 年），今年其实我挺轻松的，我绝对属于这个行业中百分之一的那部分人。因为我没亏钱，但这个市场上那么多的人亏了大钱，这就是现状。"

"当然，这是从市场角度而言。但是，如果从企业发展的角度而言，如果这个企业能够完成自己的华丽转身、不停地当英雄，那就可能这个企业的发展还有很长的坡要爬。那么，我们就没有必要因为市场的认知跟上了我的认知之后，就把它的股票卖出去。毕竟企业本身的发展一定是第一性的，第二性的才是市场认知。"

记得巴菲特曾说过："若你不打算持有某只股票达十年，则十分钟也不要持有。我最喜欢的持股时间是……永远！"

福特公司与养猪场的逻辑关联

喝了口水，诸葛无名继续向我描述他对这家养猪企业的理解："其实，这个公司很简单。我觉得用福特汽车公司来比喻它们很类似。福特公司开发了 T 型车，[1]在汽车工业发展的初期，当时在人们的心目中，汽车是跟牛车马车一样的，甚至还赶不上牛车马车。但是，如果那时候有人把赌注押在汽车上，他可能就对交通产业发展的内在必然性获得了一种有洞察力的认识。"

"显然，猪倌干的活就像福特生产汽车一样，是以标准化规模化的方式来进行的。猪倌养猪，它以工业化方式来进行，那它就一定代表着历史前进的方向。"

见诸葛无名又回到了他用福特汽车与猪倌所做的类比上，我在心中思量，觉得或许这的确是一个极佳的例子。

1908 年福特 T 型车面世，它以低廉的价格使汽车作为一种实用工具走入了寻常百姓之家，它最初的售价只有825 美元，相当于同类车型的三分之一。自此，美国成了"车轮上的国度"，随后，福特 T 型车迅速地风靡全世界。

1　福特 T 型车（Ford Model T；俗称：Tin Lizzie 或 Flivver）是美国福特汽车公司于 1908 年至 1927 年推出的一款汽车产品。第一辆成品 T 型车诞生于 1908年 9 月 27 日。

从第一辆 T 型车面世到它的停产，共计有 1500 多万辆车被销售。而且，T 型汽车的意义并不仅仅针对汽车工业而言，对于全世界来说都是非常重要的。因为该车的巨大成功还来自亨利·福特的数项革新，包括以流水装配线大规模作业代替传统个体手工制作，支付员工较高薪酬来拉动市场需求等措施。特别是它全新的流水线生产方式，极大地提高了生产效率，这影响了世界上的各行各业。

更有意思的是，我还发现，福特 T 型车的革命性创举，即流水装配线是由威廉·C. 克莱恩在参观芝加哥的一个屠宰厂动物肢解与传送带传送的过程后将其引进福特汽车公司的。我猜想，这或许是诸葛无名以此为例来说明他投资养猪企业的另一个有趣之处吧。

诸葛无名继续说："其实，从它的身上，我们可以看到很多的东西，如果这个逻辑是成立的，我们把猪倌从这个逻辑结构的框架中抽离出来，只剩一个纯粹的结构，那么，我们会发现这样的一个逻辑、这样的一个结构也会在其他行业中必然产生。因为它曾经产生过，它也将在今后不停地、必然地出现在其他的载体上，这就是一种精神性的存在。"

我发现，诸葛无名不断地回到"精神性的存在"上面来，这表明他是在自觉地进行这种思考。对此，他笑笑说："因为这样一来，我看问题就简单了。"

他又进一步说："我也的的确确能够印证，我是可以用这样的方法去找到其他的猪倌的，只是需要时间而已。它们的表现可以不一样，但没关系。我抽离出来那些精神性的东西后，它们就是另外的猪倌。换言之，它们必然表现出那样的结构和逻辑，它们也就具有了那样的精神存在。"

我归纳了一下诸葛无名是如何投资一只猪的：

他先是引用了黑格尔的一句话，将其与他正在投资的那个养猪企业相联系，并反复提到"我跟猪倌的精神共鸣"。

然后，他向我展示他对那家公司所做的实地调查，以及他的亲身感受和坊间传闻。

最后，再将各种信息综合在一起，做出投资的决策。

由此可见，他的炒股方式并不仅仅是读读研究报告、看看财务报表，更不是单纯地看股市变化曲线，甚至也不只是调研相关公司。他做的最重要的一件事情是，找寻他想要投资的行业的发展规律，再调研在该行业中哪家企业是遵循这种规律在行事的，然后近距离观察该企业当家人的行事风格和理想情怀，最后才决定是否投资。

诸葛无名向我呈现的这场关于猪的思考，符合他认为凡事都必须"先找精神，再找载体"的逻辑，即要给自己的行为以某种合理性，而且理由还要有些超越性。而要实现这样的一个过程，他的思维方式就必然会不停地从一个领域穿越到另一个领域。

记得他之前和我说过："我就是坐在中军帐里面的那个人，各路信息、情报都由别人来收集，我只负责在我认为合适的时间节点上调兵遣将。"

"当然，你也可以说我是一个懒人，实际上我也的确很懒，除了刚入行的时候，之后，我基本上是不去分析那些财务报表什么的，我只是随便浏览一下。因为有很多人在分析，功课已经做得很仔细了。那我就没必要再去做那样的工作了。而且，事实上，财务报表可以有两种，一种是公司中规中矩做出来的，这种报表只要是专业的金融人员都能分析得很好；另一种是公司刻意做假的。那么，对后一种报表的分析也就不能帮助你正确判断公司的业绩，所以，也没必要去分析。"

"我每次出去调研，一起去的都有好些研究员，他们又是问又是记的，还要查看各种表格……我很懒，我什么都不记。但我会去感受，去感受公司介绍情况的人说的那些话有没有真正落地、是怎么落地的，又是从什么地方表现出来的……"

显然，他说自己懒，但并非真的懒，而是在做足功夫的前提下，给自己的直觉、未来不确定因素、统计学中的残差（residual）[1]以空间和机会。不尽信数据分析，不唯报表、资金投入或是市场预测来做判断，而是要综合性地全盘考量。这表明他的思维过程是复杂且有一定的系统性的，这让他在说这些话时有一点运筹帷幄、决胜千里的架势。末了，他冲我轻松地一笑："养猪跟养小孩一样，它需要一个周期。炒股也差不多，这个东西不难，很容易把握。"

1　残差在数理统计中是指实际观察值与估计值之间的差。"残差"包含了有关模型的基本假设条件，且具有误差的一些性质。如果回归模型正确的话，可以将残差看作误差的观测值。残差分析（residual analysis）就是通过残差所提供的信息，来分析模型假设的合理性及数据的可靠性、周期性或其它干扰。

四、 读书对于炒股影响的正面和反面

尼采[1]为论证史学之于现实生活的价值正当性，曾专门写作了一篇长文《历史对于生活的利与弊》。[2]在尼采看来，（古典）历史研究如果不"服务于生活"，而是一味强调历史知识的不断增长，那么，"在历史学的某种过剩中，生活将支离破碎，将退化，并且又由于这种退化，甚至历史学亦复如是了"。[3]尼采这一坚定捍卫历史研究关乎当下生活关怀的价值正当性的说法，不仅是在为史学辩护，也

---

1 弗里德里希·威廉·尼采（Friedrich Wilhelm Nietzsche，1844 年 10 月 15 日—1900 年 8 月 25 日），德国古典学家、哲学家、思想家。主要著作有《权力意志》、《悲剧的诞生》、《查拉图斯特拉如是说》、《希腊悲剧时代的哲学》、《论道德的谱系》等。尼采被认为是西方现代哲学的开创者，他的著作对于宗教、道德、哲学以及科学等领域提出了广泛的批判和讨论。

2 参见［德］尼采：《不合时宜的沉思》，李秋零译，华东师范大学出版社，2007 年。

3 ［德］尼采：《不合时宜的沉思》，第 149 页。

成为后世一切学术表明自身应当具有指向当下生活的价值担当。如今，尼采当年的宣言，也已经被众多秉持新人文主义精神的文人学者们所广泛认同。

因为诸葛无名在谈及投资时不仅会不时冒出各种名人名言，以此来为自己的投资理念作注，而且还会将各种知识和思想自由无障碍地与其投资的实际情况进行嫁接贯通，以形成他自己的观念，并由此指导其具体的投资决策。所以，我觉得，至少在这一点上，他很符合尼采对于知识应该运用于现实之中的想法。由此，也先入为主地以为，他除了在各种老板班上的听讲以外，也一定读过不少学术名著。因此，我请他开一份他读过的书单给我，以做参考。

结果，他吞吞吐吐地说道："我家里最大的房间的确就是书房，我把我能弄到的各种书都放在那里了。但是，其实我看的不多，特别是不会完整地把一本书从头到尾全看完。"

他冲我羞涩地笑笑，表情很真诚地说："其实，我们一起炒炒股就行了，我不值得你去写什么。"

"当然，大家可以好好交流一下，跨界交流是很重要的。特别是在现在的时代，跨界交流变得非常重要了。"

知识付费

"我自己呢，就是缺什么补什么。我一直觉得自己缺乏思维的严谨训练，听老师们讲课，发现你们在思维的训练上有很多值得借鉴之处。"

"所以，我的大部分知识都不是自己读来的，而是听来的，我喜欢听别人讲话聊天，在聊天的过程中能够很快地了解许多知识。当然，它可能是碎片的、不系统的、也不深刻，但可能比较适合我。"

我知道，他所说的"大部分知识是听来的"是指他游走于各类老板班听课，以及他在得道等网上平台课程中的听讲。这些年，互联网的普及，一方面加快了人们生活的步伐，另一方面碎片化的阅读习惯令那些"大部头"书籍变得难以下咽。而知识付费的出现，正好能够缓解人们的知识焦虑，也弥补了完成正规高等教育后的社会人士对知识的进一步渴望。

诸葛无名一转头，眼光落在我书橱里许倬云[1]的《西周史》上，问道："老师，你怎么看许倬云呢？"

---

[1] 许倬云，江苏无锡人，1930年出生，著名历史学家。现为美国匹兹堡大学历史学系荣休讲座教授、台湾"中研院"院士，主要研究领域在中国文化史、社会经济史和中国上古史。代表著作有：《中国古代社会史论》、《汉代农业》、《西周史》、《万古江河》等。

我不想和他进行学术的讨论，只简单回应道："许倬云是一个做中国上古史的大家，虽然他主要是从经济史入手，但他有一个更大的关怀，想对中国传统社会形成一个整体的把握，并试图形成与西方的某种对话。在治史风格上，他力图效仿中国传统史家，想要通达天地。"

接着我的话头，诸葛无名说："最近我也读了他的两本书，一本是《我者与他者》，[1]另一本是《说中国》[2]。"

因为他之前也曾提到过许倬云，于是我乘势问道："为什么会想去看他的书？"

中美贸易战不过是马拉松中的一个折返跑

"其实，我想看他的书，原因很简单，就是想更好地

1　许倬云：《我者与他者：中国历史上的内外分际》，生活·读书·新知三联书店，2010年。作者认为，中国的历史，不是一个主权国家的历史而已；中国文化系统也不是单一文化系统的观念可以涵盖。不论是作为政治性的共同体，抑或文化性的综合体，"中国"是不断变化的系统，不断发展的秩序。这一个出现于东亚的"中国"，有其自己发展与舒卷的过程，也因此不断有不同的"他者"界定其自身。到了今天，经过八次锤炼，"中国"已不再是传统的中国。"中国"竟在几个古老文化体系之中，经历了最大也可能最为彻底的变化过程。

2　许倬云：《说中国：一个不断变化的复杂共同体》，广西师范大学出版社，2015年。该书围绕"中国究竟是什么，我们究竟是谁"这个问题，从新石器时代谈起，一直到清朝结束前夜，讲述"华夏/中国"这一个复杂的共同体是如何不断演变的。作者选择每个时代在政治、经济、社会、文化方面的关键点，以及相互间的互动，来勾勒出各个时代的面貌，其中不时流露出作者对中国文化和当代社会的深切关怀。

理解贸易战。"

啊？——好神奇的逻辑！我心想。的确，自 2018 年下半年以来，除了政界、经济界、国际关系领域对中美贸易战做出各种解读外，学界也不乏从文化的角度来看待、分析这场世界上两个最大经济体之间冲突的言论，但大多是从当今的全球化时代或是文明冲突论入手来展开的，而鲜有以一个专门治古史的历史学家的著述作为其最主要依据的。

只听见他继续往下说："因为贸易战实际上就是要彼此划清边界嘛，要划地为界，你的是你的，我的是我的，这就是一个我者和他者的问题啰。那么，《我者与他者》显然是看问题的一个视角。"

"我同意你刚才说的一点，我从他的字里行间能够看出，他对中国的传统饱含深情，相信中国文化中的优秀成分理应对世界的融合做出相应的贡献，比如和而不同啊、共同繁荣啊这些精神。他是觉得西方有这样或那样的问题，而中国在世界大融合的过程中是应该起到自己的作用的。"

感觉他说得太过空泛，我追问道："那你从许倬云的书中找到关于贸易战的答案了吗？或者说许倬云给了你什么样的启发？"

诸葛无名双手来回搓了搓，有点费劲地回答道："是他的大历史观。他认为世界是在不断融合的过程中，中国的历史就是在不停地融合发展的，整个世界也是在不停地相互融合中前进的。过去的几百年，西方文明对整个世界的融合起了比较强的推动作用；未来几百年，说不定中国文化中那种调和包容的特质也会对世界的发展、各民族的融合带来不一样的贡献。——我感觉这是他书中的一个主基调吧。"

感觉这样的论述似乎不太是他的风格，果然他停了下来，旋即直接转到了他的本行工作上："这些东西对我们炒股真的有意义！有意义在哪里呢？——这种融合，它不仅仅是在精神上的融合，它也是人类具体活动的融合，是人类的相互交流。这就意味着它反映在经济层面，就是整个世界变成了一个统一的大市场。以前的市场是割裂的，现在是相对紧密地联系在一起，以后可能会越来越紧密。"

众所周知，全球化最先的表现就是经济上的不可分割性，这种经济上的无法脱钩也正是中美贸易谈谈停停，反复拉锯、僵持不下的一种反映。我觉得诸葛无名的解释并没有什么新意，而且还忽略了除经济之外的其他重要因素。

只见他在椅子里转动了几下身体，继续说："以往的主权国家既有政治主权也有经济主权，但今天的国家虽然仍有政治主权，却不再完全有各自为政的经济主权了。冷战时期的苏联，和美国是可以分开来的，因为它们彼此的政治和经济是不搭界的。但现在的中美两国在经济上却是相互依存的，是你中有我，我中有你的关系。"

他双手一摊，"所以，你看哈——，当中美发生贸易战的时候，如果你有这样的一种历史眼光来看待问题，那就会觉得它可能就是长跑中的一个折返而已。也仅仅只是一个折返而已，它仍然会朝着一个市场更加融合的方向前进的"。

我当时觉得，如果我的学生以这样简单粗暴的逻辑来写论文的话，我肯定会把他的稿子从光华楼二十层的窗口直接扔下去的。因为这中间缺失太多需要详细论证的环节、严谨考察的材料和理论分析的框架。但我又如何能够对诸葛无名的话提出反驳呢？

只听他继续轻松地打着比喻："就像两个邻居为了各自的利益起了争斗，但毕竟住在一个村子里——地球村嘛，大家总是要一起生活的。"

他这是从生活常识中去找寻某种深刻的逻辑。我清楚地记得，诸葛无名讲这番话的时间是 2018 年 12 月底的某一天，当时正值中美双方经贸磋商的初期阶段，不仅中美各大媒体不断释放出各种不同的信息，各类专家及民间的讨论也是众说纷纭，莫衷一是。但诸葛无名却一副成竹在胸的样子，给出了这样一个"折返跑"的断言。

到了 2019 年的 4 月份，中美之间有关贸易的磋商，其节奏越来越快，光高级别的磋商就前后进行了九轮，双方相较之前也都释放出虽然仍然谨慎，但却明显更加积极的信息。[1]似乎达成对两国都有利的协议已是指日可待的事情了。

然而，双方的谈判在进入到第十一轮之后，势态又出现了急转直下的情况。直到 9 月中旬，中秋之际，中美之间又再次表现出一种良好的互动姿态。2020 年，元旦刚过，有消息传出，中美即将于 1 月 15 日签署第一阶段的贸易协议。

总之，双边的贸易摩擦可能仍处于反复拉扯、无法完全准确地预测之中。事实上，中美贸易谈判漫长而曲折的过程，也刚好印证了诸葛无名当时的"折返跑"说法。其实，我相信，无论出现怎样的变化，在诸葛无名的逻辑中，依然可以找到能够说服他的道理，甚至这恐怕也是中国大多数民众以及知识精英们从我们漫长的历史中总结出来的经验和教训吧。换言之，这样的一种折返跑可能还会多次出现，而非一两次就结束。

一个危机从来都不会永恒地存在，当然它也不会很快

---

1 https：//news. sina. com. cn/c/2019-02-24/doc-ihqfskcp8063076. shtml；
https：//news. sina. com. cn/c/2019-02-25/doc-ihrfqzka8900798. shtml；
http：//news. sina. com. cn/c/2019-4-06/doc-ihvhiewr3522191. shtml.

消失。以古老的中国智慧来看，无论是"天行健，君子以自强不息"，还是"祸兮，福之所倚；福兮，祸之所伏"等等，这些都是中国人能够总结出来的经验之谈，于是，对于这场远超出贸易意义的贸易战，习惯以中国传统思想为武器的诸葛无名自会找寻到他的思想来源，并得出自己的理解。尽管这其中缺失许多需要论证的细节和方法论的说明，但对于他稳定其投资理念来说已经足够深刻甚至有些玄学了。

事实上，从 2018 年开始中美贸易摩擦的实际进程来看，无论是贸易限制措施的博弈，两国乃至世界经济实际运行的表现，抑或是中美双方在贸易谈判进程中的实际行动，都说明了问题的解决，最终必然出现的应该是一种双向执行机制，而非单方的施压或封国。

有趣的是，2019 年 6 月下旬，在 G20 峰会中美元首大阪会晤之前，一位在美国长期生活工作的华裔历史学家在一场公开的讲座中，以及私下与笔者的交流中，都乐观地预言，无论中间会经历怎样的曲折，中美终将达成一项双方都能接受且相对均较为满意的协议。

不管他们各自的理论依据和分析模式是什么，一个身处中美两国现实环境中的历史学家所做的预言，与一个炒股人折返跑的比喻竟如此相似，这不能不让我感觉很神奇。

而当时，在听到诸葛无名借用一个历史学家的话语和眼光来对当今时势做出那样的判断时，我虽然大脑中有着千回百转的想法，最终也只化为了一句话："我的理解是，这个世界由两股力量共同推进，一股是积极的建设性的力量，另一股是消极的破坏性的力量。但哪怕是破坏性的力量，它也以某种方式在推动事情的发展。"

诸葛无名点头道："嗯，就像你说的，一个破坏的力量也可能促使成长一样，其实，可能刚好外在的一种压力和刺激会把中国拉到了一个更好的大方向上去发展。反者道之动啊。"[1]

我觉得这样的推论过于大胆，是将上千年来历史发展的轨迹一笔带过了。不过，也确有媒体从经济方面做过类似的解读："从一个更长远的角度看，这次挑战，对中国来说，何尝不是第二次入世呢？没有入世，就没有今天的中国；没有这次挑战，中国就不可能这么深刻地认识到自己的短板；没有因此进一步的深化改革开放，就不可能有中华民族的真正复兴……"[2]。

当然，同时我也明白，对于诸葛无名而言，其实他并不太关注政体这样大的问题，只不过是话语至此的随口一

1　老子：《道德经》第40章"反者道之动"。意指"道"的运动规律，是向相反的方向转化。

2　https：//news. sina. com. cn/c/2019-02-23/doc-ihqfskcp7824832. shtml.

说罢了。

传统与教化

果然，他马上就转换了话题："其实，在中国今天的这个时代，真的是很呼唤一种精神上的东西。当然，可能任何时代都需要，但我总感觉在这个时代，尤其需要一些精神上的东西能够进入到企业家的心里。这个时候你就会看到，传统文化的力量在慢慢地显示出来，它会在各个层面上去露头、去冒芽，然后慢慢地长成树、连成森林。"

感觉他有些来了兴致，"你看啊，这几年有关传统文化的诗词大会呀、国学热呀等等，不管是从官方还是民间，社会的各个方面都在提倡这些。这种东西其实是因为有内在的要求才被提出来的。"

随即，他举了一个例子："你知道吗？有一个叫鲍鹏山的人，[1]他就弄得挺好的。他用商业模式办了一个公益性的组织，在全国各地都有，在上海的叫'浦江学堂'。"

鲍鹏山的"浦江学堂"的确很火，但主要是针对儿童

---

[1] 鲍鹏山，上海开放大学教授、硕士生导师，中国孔子基金会学术委员会委员。主要从事中国古代文学、古代文化的教学与研究，主要著作有《〈论语〉导读》、《后生小子——诸子百家新九章》、《附庸风雅——第三只眼看〈诗经〉》、《历史的多维透视》、《中国人的心灵：三千年理智与情感》等。

的，我想知道诸葛无名会觉得他好在哪里？

诸葛无名自问自答道："我觉得他有意思在哪里呢？其实，我就只听过他一次讲课，是讲庄子。后来我关注了一下他做的事情，我相信，他是看到了给我们这些已经成年的人讲道理，可能已经没有多大的意义了，所以他转而去启蒙小孩子。"

"我觉得他是搞到了点子上。我去过很多大学开的老板班上听课，我觉得其实大部分去听课的人，可能都没能很好地改造自己，我算是少数把自己改造了一下下的人吧。"

诸葛无名自我表扬了一下，又立即反省道："这样说，有点鄙视他人抬高自己的味道在里面。但的的确确，我是有这样的感觉，因为我自己可能也没有被改造得很多。"

"我只是觉得，讲台上面坐着的都是些鼎鼎有名的学者，他们花了大半辈子的精力在书斋里，想把他们的毕生所学传授给坐在下面的人。但是呢，坐在下面的我们并不是都听进去了，这个时候，我有一种强烈的感觉，就是觉得这是一种社会资源的错配，很可惜！"

"其实，这帮学员可能只是除了有点钱或是有一定的官职以外，其他也没什么。而我去听教授给本科生上课比较动情的时候，我内心觉得，这样的教授是应该把精力放在这样的学生身上的。"

"那么，当我看到鲍鹏山花了很多的精力去教小孩子的时候，我是发自内心地认为，他这个事情是做对了，是方向走对了。"

"因为一个社会的变迁可能是不同时代人的使命。如果跟我年纪相当或稍大些的一代人来讲，他们中的一些人，身上的使命显而易见地已经完成了，当然有些还没有。但你想把一个四五十岁的人改造得更好，可能就很难了，你要让他们去担当推动社会前进的重任也就有点晚了，而小孩子们被教化的可能性要更大些。"

四五十岁的年龄按孔子的说法是"不惑"和"知天命"的阶段，应该正是担当社会和家庭重担的时候，但从教化启蒙的角度来说，可能是有点晚了。

作为文化名人的鲍鹏山，从十几年前开始，在央视《百家讲坛》节目上红遍大江南北，也曾是上海电视台《东方大讲坛》、上海教育电视台《世纪大讲坛》等栏目的主讲嘉宾。而最近五年来，鲍鹏山逐渐淡出电视屏幕，转而牵头创办了一个公益性的国学教育机构"浦江学堂"，除上海本地外，还在全国范围内办班，面向小学生。

虽然，少儿国学教育并非社会上教育培训机构的主攻对象，但面对媒体，鲍鹏山称"中国自古以来通过文教来建立'知识体系'，同时也以此建立'价值体系'"。孩子需要通过读经长大成人、学会做人。所以，出于"改善教育"的初衷，他希望找回中国文教的传统，从小影响更多学子。这五年来，进入浦江学堂的孩子每周半天课，共需完成 7 部国学经典的深度诵读：《论语》、《孟子》、《大学》、《中庸》、《老子》、《庄子（内七篇）》、《六祖坛经》。

我觉得，与其说诸葛无名认为鲍鹏山教育对象的转向是基于对成年人的失望，莫如说这或许更是对鲍鹏山想要达成一种教育深耕想法的认同，即他们对"教育从娃娃抓起"理念的类似理解，希望中国的传统文化不至在下一代人身上失去其影响力。

经由鲍鹏山办学、想要振兴中国传统文化这一话题展开，我们又谈到了钱穆，[1] 诸葛无名说他看过钱穆的几本书，但都是小册子，像《人生十论》[2]、《湖上闲思录》[3]

---

1 钱穆（1895—1990），字宾四，江苏无锡人，中国现代著名历史学家、思想家、教育家，台湾"中央研究院"院士，台北故宫博物院特聘研究员，与吕思勉、陈垣、陈寅恪并称为"史学四大家"。49 年之前，曾为燕京大学国文讲师，后历任北京大学、清华大学、西南联大、齐鲁大学、武汉大学、华西大学、四川大学、江南大学等学校教授。1949 年去香港，创办新亚书院。1967 年定居台湾。著有学术著作六十余种。

2 钱穆：《人生十论》，生活·读书·新知三联书店，2009 年。本书汇集了作者讨论人生问题的三次讲演，一为"人生十论"，一为"人生三步骤"，一为"中国人生哲学"。作者从中国传统文化入手，征诸当今潮流风气，探论"心"、"我"、"自由"、"命"、"道"等终极问题，而不离人生日常态度，启发读者追溯本民族文化传统的根源，思考中国人在现代社会安身立命的根本。

3 钱穆：《湖上闲思录》，生活·读书·新知三联书店，2005 年。本书为作者1948 年徜徉于湖光胜景中闲思遐想的结晶，分别就人类精神和文化领域诸多或具体或抽象的相对命题。如情与欲、理与气、善与恶等作了灵动、细腻而深刻的分析与阐发，从二元对立的视角思索了人类存在的基本问题。

等，"他的《中国政治思想史》¹也看了几页，但没看下去。《国史大纲》²太长了，没看"。

我问他对钱穆书中讲的哪一点有印象？

诸葛无名说："我基本上都忘了，但有一点我记得，就是'圣人无常心，以百姓心为心'。我是第一次从他那里知道这句话的，可能出处也不一定是他，我也不了解，反正我就是觉得这句话挺好的。"

这句话源出于老子的《道德经》第49章，意谓圣人无常人之私心，以百姓之心意作为自己的心意。我不知道这句话能给诸葛无名怎样的启发。

他说："你想啊——，如果我们把每个人的心思都揣摩透了的话，那么或许我们成为圣人的可能性就在加大。即便成不了圣人，取法乎中，那么也能够成为一个贤人。"

"而对我从事的工作来说，作为一个敏锐的投资者，如果对每一类的投资者的行为模式都了解了，那么，对市场的运作本身就可能会有一个相对深刻的洞察。

---

1 该书名应为《中国历代政治得失》，是钱穆的专题演讲集，分别就中国汉、唐、宋、明、清五代的政府组织、百官职权、考试监察、财经赋税、兵役义务等种种政治制度作了提要式的概观与比照，叙述因革演变，指陈利害得失。今可参见：钱穆：《中国历史政治得失》，生活·读书·新知三联书店，2001年。

2 该书是钱穆于抗日战争时期撰写的一本通史性的论著，共八编四十六章，1939年6月正式完成，1940年6月出版。今可参见钱穆：《国史大纲》，商务印书馆，2010年。

我笑他三句话不离本行，竟然能将"圣人无常心，以百姓心为心"这样一句古语与他在现实中的投资联系在一起。

他却表情严肃地说："自始到终，无论我干什么，我都会和我的投资建立起联系。那个老头——就是张世英——说，'对于一个拿着锤子的人而言，整个世界都是钉子'。[1]"

我无意于去纠正诸葛无名记忆的错误之处，只是想象着他拿着锤子满世界胡乱敲打的样子，不由得笑了起来。

他有点不好意思地解释道："这个过程一开始是一种强迫性的自觉。每个人都是有思想偏差的，这种思想的偏差也只能从思想上不停地提醒自己，才能得到合适的纠正或是恢复本来的面目。"

"后来这种自觉慢慢地就变成了一种不自觉。这应该是有科学理论支撑的，因为你的脑回路一直沿着一条路在转，慢慢地，你大脑的生理结构也沿着这条路在走了。"

谈到脑回路的话题，他又再一次劝我也炒炒股。他说："因为，炒股本身也是一种精神性的活动，它不需要

---

1 诸葛无名的记忆有误。"在手里拿着铁锤的人看来，每个问题都像钉子。"——这是句谚语，芒格经常引用，如今被收录在《穷查理宝典》中，但人们对它的理解却不尽相同。

你与世俗的世界打太多的交道，同时它还能够让你多赚一点钱。我是觉得你们的思想这么丰富，赚点钱真的是轻而易举的事情。何乐而不为呢？"

我哈哈大笑……

他继续说："我的目标是在钱上，但我的思想不完备，所以我要向你们学习、跟你们交流。而你们有这样丰富的思想，稍微运用一下就可以……"

不能坐电梯而不自知

"有个故事，我给你讲一下，说是三个人坐电梯，一个人在电梯里做俯卧撑，一个人在电梯里跳高，还有一个人在电梯里撞墙。最后，他们都来到了顶楼，上面的人问他们是怎么上来的？这三个人分别说是做俯卧撑、跳高和撞墙上来的。"

"我觉得这个故事特别生动，过去那么多年，这些英雄们通过做俯卧撑、跳高和撞墙来到了财富的顶楼。"

我笑问："那你是做什么上来的？"

诸葛无名自信地答道："我刚刚意识到，我是坐电梯上来的。其实，我想说的是，这个社会上大部分人的自省意识是差的，如果我们的自省意识也是差的，那我们自己慢慢地也就变成了腐朽的一部分。"

他说的这个故事是近几年在投资界十分流行的一个笑话，那个电梯指的是高速增长的中国经济，而那三个人，则是吹嘘各种成功学的企业家和投资者，每个人都可以弄出一套理论来，以为自己是最厉害的。

我想，诸葛无名是想通过这个笑话告诉我，他是清醒地认识到，自己正处于一个经济振兴发展的好时代，而且他是乘着这股经济大潮的东风获利的人。

他继续说："我记得汤因比说过这样一句话：'所有社会的创造性行为都是个别创造者的工作，或者至多是少数创造性群体的工作，在任何一个连续的进步过程中，绝大多数社会成员落在了后面。'——真的是这样！"

这是诸葛无名第二次引用汤因比的同一句话，这也是他为自己找到的思想资源之一。因为他不断的反思精神让他自信地认为，自己理所当然地属于那正在进行创造性活动的小部分人。

他说："所以，我跟你们聊天，就是为了获得这些思想资源。而这些都提醒了我：不能坐电梯而不自知。"

作为大学老师的我，教过多年的书，这些书本上的知识早已烂熟于心，但却从未像诸葛无名那样自觉而穿越地将书上的话语运用于现实生活和工作中，是不是也就是另外某种的不自知呢？

"谢暇龄老师[1]在一个读书会上给我们讲历史研究，我觉得，对于我而言，那真是一个很好的学习机会。因为，如果你让我认认真真去读一本书，可能我不会有那样的耐心，我更愿意听老师们讲。听完回来后，我的思想武器就比其他人更多了。"说到此，诸葛无名一脸的骄傲。

他又补充道："我觉得，我最大的庆幸就是没有和圈内的人混得太多，这是我自己觉得很骄傲的一点。这样可以让我在与其他人交往的时候，显得不是那么的"铜臭味"，我想保持本来的我。"

什么才能算得上是"本来的我"？这恐怕是个千古难题。"自我"是指个体对自己存在状态的认知。从德尔斐神庙上的希腊箴言"认识你自己"开始，到笛卡尔的"我思故我在"，再到弗洛姆的《自我的追寻》，这个概念一直是思想家们反复讨论不断思索的对象，他却有点不耐烦地回应道："认识自己，无非是经验上的摸索和所谓道理的演绎，如此的反复来回罢了。"

此外，作为一个投资人，他却不想要有铜臭味，力图保持本真——这或许并不仅仅是诸葛无名想要的一种身份上的穿越吧。他曾说过："觉得自己就是个浪荡子，在漫

---

1 谢暇龄，复旦大学社会发展与公共政策学院教授，中国哲学、社会学博士生导师。研究领域：中西方哲学、社会学，主要论著有《康德对本体论的扬弃》、《文化：走向超逻辑的研究》、《中国社会是伦理社会》等。

无目的地到处游荡，一直想回家，却找不到合适的路。"

回想我遇见的老板班学员，许多人都是衣着光鲜、客气有礼，言谈中多涉及与比他们更高阶层人士的往来轶事，听着有趣，但似乎透着一种狭隘的自我炫耀。而诸葛无名在人多的场合，却并不怎么说话，更多的只是在聆听和思考，像是某种身份上的边缘人。或者说，报名来老板班的大多数人，其目的是在投资中希望自己是资源流。但诸葛无名不是，他可能更多地希望自己是技术流。

若以平均寿命 78 岁来计算，睡觉占据了人生 1/3 的时间，工作占据了另外 1/3 的时间，再去除日常吃喝拉撒的时间，留给自己主动支配的时间，其实并不多。而真正拉开人与人之间差距的，就是在那有限的可支配的时间里，你所做的事。

在我遐想的同时，诸葛无名好像是在自言自语："这个世界本质上是精神的，而精神是客观的……许多生意人相对来说比较缺乏精神的思考，如何才能达到一种逻辑的自洽？我合上一本书、听完一堂课，就好像看到了一个新的世界，有时候还会沉浸在里面。你让我转述，我可能也说不完全，但是会觉得从此之后那个世界就在我的心里了。"

当他这样讲述时，诸葛无名仿佛就真的沉浸在那个思想的世界里。但他很快又回到了现实之中，"当然，我的职业是一个很形而下的工作，但形而上的东西会帮我理清思路，有助于我最终做出一些有利于形而下的决定来。"

他又强调道："许多东西都不是我说的，是我学来的。学者看到了很多，他们讲得很有道理，我能干吗呢？——我要把他们给的知识消化掉，要让那些东西能指导我的行为。"

"你看，我经常都是星期六星期天去听课，不能陪老婆孩子。我干吗去听课呀？——我去听课，就是要把老师们说的融汇到自己的生活实践中去。别老是给那些东西贴标签：'这是秦晖的'、'那是吴晓明的'……我一定要觉得'这就是我的'。我要把他们说的变成能帮助我做决策的思想。"

诸葛无名说完他的学习方法后，又举例道："比如，前几天，有亲戚朋友问我，每年市场都有一个主流的行情，你觉得今年的主流行情是什么？我说，我也不知道今年是什么行情。但如果展望四五年的话，我觉得有些东西可能就是确定了的，那我就不会只从一年的行情来考虑问题了。这就是老师们给我的一种思考问题的方式。"

"就是要将眼光放长远一点的意思吗？"我问道。

"对。当然，你眼光长远了之后，你的脚还要踏实。不能好高骛远，那样就会飘了。这两者在互动的时候要有机地结合在一起。"

我笑道："难！"

他回应道："这真的挺难的。所以，你只能先从思维上去把握它。而且，你还必须在思维上不停地提醒自己，你才能在实际的行动中，两边都有所顾及，否则的话，就难免更加跟跟跄跄。"

记得蒋方舟曾在一档节目里说，自己小时候看文学小说的一个很大动力就是，看别人怎么高级地活着。而诸葛无名却是靠聆听大思想家的话语来为自己的投资把握大的方向。

最终，我放弃了请诸葛无名开书单的想法，因为我意识到，那只是我作为一个教师的习惯性想法，对于他这样一个思想的穿越者来说却完全是多余的。其实，或许从某种角度来说，可能我也没有资格来谈怎么读书的问题，因为阅读是一件非常私人的事情，一种方法不可能适用于所有的个体，不一样的个人就会有不一样的阅读体验和方式。更关键的是，阅读也只是形成人们观念的一部分，另外还有各自的实际生活经验以及传统文化的渗透，也会一并参与到观念形成的过程中。

当然，无论自己读书也好、听他人讲解也罢，都可能为我们打开一个完全疏离的新世界，让我们获得一种全新的生命体验。在这种维度下，读书和听讲一样，都是对生命的扩展和补充，是丰满自己的绝佳途径。

实际上，诸葛无名在投资的过程中，用读书和听课的方式，不仅让其节奏慢下来，还从中获得了思考的空间和新的思考角度，这的确不失为一种智慧。因为，事实上，关注每天股市的交易并不一定能帮投资者赚到更多的钱。而且，当一个投资者所获得的短期盈利过高时，如果他不能慢下来去想一想估值的风险，太快的上涨就可能是估值虚高的表现，而不是一种永续价值的体现。

更为关键的是，一方面，他经由读书和听讲所获得的"见识"与"认知"构成了他重要的精神资源，这些东西塑造和影响着他的思考方式、决策和行为。另一方面，他并没有在听和读的过程中丧失思考，他不是现成地接受别人给出的答案、重复他人的思维过程，而是为了自己独立的生命体验。诸葛无名由思想而带来的信心，使他在股票市场上，从被动适应变成了主动选择，我想这也正是他愿意经年不息地流连于各种老板班、网上课程、高校讲座之中的最主要原因吧。

换言之，知识付费的时代背景是诸葛无名获取更多大师思想的途径，但那些点状的碎片化的知识，其本身并不能帮助人们进行有效的思考，只有自觉地意识到并加以有效地运用，那些知识才能是鲜活而有力量的。

我再一次想起，2019 年 1 月 8 日，马云在湖畔大学的内部讲话中提到："过去二十年，我在不断地学习、不断地思考，我的学习未必是坐在教室里听老师上课，除了看书，我见各种各样的人，去把很多东西想明白，想明白就去做，把它证明、摸索明白。"这样的一种模式，或许是改革开放后大多数中国个体商人及企业家创业成功、发家致富的主要思想与行为模式吧，套用邓小平当年的话来说，就是"摸着石头过河"。

五、 一个散户的非典型性成长之路

　　作为一种社会性的生物，人不是孤立的，而是始终处于各种关系交织的网络之中。人正是通过与别人发生作用而塑造并发展自己，最终实现自己的价值。人际关系反映了个体与他所处之不同群体间的不断变化与发展，以及他完成自我认知并获得满足的方式和程度。

　　为了更好地理解诸葛无名的精神世界，我想知道他对各种关系的思考以及和他人相处的方式。

以弱者心态对坊间流传的考察

　　当然，在若干关系中，首先要考察的应该是与他的重大投资直接相关的关系，我曾问过他对猪倌的老总了解多少、他们之间有无个人关系。

他简短作答："没有。"随即又补充道："我虽然和他没有什么个人关系。但是，我似乎也和他已经神交很久了。"

"没有任何个人关系，但你买了他公司那么多的股票，你就不想让他知道你的存在吗？或者说你对他的支持吗？"我有些疑惑。

诸葛无名实话实说："我并不是他最大的私人股东，我只是一个相对长期的持股者，我所占的股票比例也对他的企业不构成多大的影响力。而且，实际上，我也并没有在市场上进行买卖折腾什么的。当然，如果将来发现它被高估了，起了泡泡了，我也会把它卖掉的。不过，不是现在而已。"

我想了解诸葛无名与猪倌在没有任何私人关系的情况下，是如何达成对它的信任的，于是继续追问："你去过那个公司几次？"

他想了一下，回答道："我一共去过那里六七次吧。我不是没有见过老板，只是没有单独对过话，都是他一对多地和我们聊天，没有进行过特别深入的交流。他甚至不认识我，我也没有必要去打扰人家。"

众所周知，如同所有的上市公司一样，人人都能在网上看到猪倌的公司报表和数据资料，还有关于公司和老板的各种传说。诸葛无名却提醒我，对于外行来说，先不要看报表，一方面因为那个东西太专业了，不一定能看得懂；另一方面，其实，那些数据也只是表面的东西。

他说："与其看报表，还不如去听故事。"

但我觉得坊间流传的故事，很有可能经过大量的改编，未必是真实的。

诸葛无名说："这就是俗话说的，既不能全信也不能不信呀。只不过，当很多的东西叠加在一起时，原先支离破碎的东西就有可能塑造出一个整体的形象来。"

他的这种说法，让我立马想起了研究历史人物时所需要关注的一个方面，即人物的自我形象塑造，历史上的帝王将相、贵族贤达等所谓的成功人士，往往都会有意无意地对自己的形象进行自我塑造，而其下属也会出于各种需要或目的对他进行粉饰。如今，公关和包装更是变得极其重要，我们如何才能辨别真假呢？

诸葛无名对这个问题似乎早有准备，从容地答道："我明白你的意思。所以，首先，我们可以从弱者的心态来考察。因为信息的不对称，我们可以先把他假设成一个坏人：'如果他是一个坏人，他会怎么怎么做？'然后，尽量用各种各样的事情来证明，他就是一个坏人。但是，当那些事情都不足以证明他真的是一个坏人的时候，我自然而然地就会对他的认识产生飘移。"

"另外呢，我还应该把他看成是一个人。因为，作为人，他就有一些基本性的东西，这些东西是不容易被掩饰的。当然，我们无论如何想方设法去考察他，也不可能成为他。投资时，我也就不可能把所有的风险都排除在外。"

显然，诸葛无名是在试图用一种先假设，再不断否定的逻辑推演，最后得出一个相对可靠的结论来。

我又问："网上那些有关他的负面消息你看了吗？"

他平静地答道："当然看了，必须要看的。"

但显然，那些信息不足以动摇他对猪倌的投资信心。

诸葛无名淡定地回应道："比如，你去知乎上打开关于他的消息，把所有的公开信息都尽量搜寻，发现有说这个公司怎么给员工洗脑呀、公司管理混乱呀、内部矛盾重重呀，等等。类似的信息很多，但这些信息都是支离破碎的，而我想要的是一个关于猪倌的整体印象、想要一个整体的有关老总的形象。那么，像洗脑这样的事情、第一年新入职员工大批流失的问题，还有说他公司军事化管理的问题等等，你采集到的都是支离的信息。当你评价整体的时候，一定要注意这些零散的信息在整体中的位置，而这一定是相对主观的。"

"但是，我们如何才能把这些主观的东西恢复到一个对这个公司和对这个人相对客观的认识上呢？我觉得，这需要一种洞察力，因为不同的人加工出来的信息可以变得截然不同。"

见我点头，他继续说："那么，这个时候就一定需要一种精神的统领。这就是我理解的黑格尔所说的，当历史进程到来的时候，看谁骑在这匹马上合适。[1]"

"我记得，以前听吴晓明说过一个故事。他说，一个历史系的老师送一个哲学系的老师一本书。过了一段时间，这个历史系老师问哲学系的老师说：'你觉得这本书写得怎么样？'哲学系的老师说：'这本书是用真实的历史事件伪造了历史事实。'"

"我觉得，这种说法用在我对猪倌的研究上是一样的，有异曲同工之妙。因为，人如果有不同的史观，写出的历史可能就变得截然不同了。"

听他说出如此具有史家眼光的话，我不由得很是赞赏。不过，我还是回到原先的话题上，继续问他："你觉得，你在整理那些零散的信息时，你拥有了一种洞察力吗？"

一向谦虚的诸葛无名急急地回答道："那也说不上。也许可以说，我只是掌握了一些产业发展的内在规律性的东西吧。如果要再往上靠的话，可能就是黑格尔说的历史精神之类的吧。"

"我觉得，猪倌刚好是在这个时候承担了这种产业发

---

1 参见第二章中的相关讨论。

展的历史使命。不是猪倌选择了它，而是它选择了猪倌。所以，猪倌就能够在这种规律的支配下获得壮大和发展。当然，我们说的是一种相对形而上的精神，如果要具体论述的话，一定要看猪倌在哪些方面契合了这种规律。"

"比如工业化，这个行业必然是要进行工业化的，而猪倌是这个行业中率先进行工业化的杰出代表；再比如，我们这个社会的老龄化迫在眉睫，而猪倌已经在智能化方面比其他企业更具有优势了，这表明它的眼光是长远的。此外，还有竞争力强、成本低等方面。"

"其实，每个点都可以展开来说，我也有充足的理由来论证，而且这些都还能够表现在它的生产成绩上。但你可能对这些不感兴趣。"

我点头承认对那些具体的生产过程和方式，以及管理策略并无兴趣。我回到自己感兴趣的问题上："你花这么大的力气对这个公司做了大量的调查研究，最后也对它进行了比较大的投资，那有没有想过要与公司的老总建立起进一步的关系呢？"

诸葛无名诚实地回答道："有这个意愿，但没这个机会。"

他又进一步地说："其实，也慢慢地体会到了一种君子之交淡如水的感觉了。我觉得，如果我真的跟他认识了、建立起联系了，然后呢？做什么？实际上，我能对他的帮助也不大，反而可能打扰了他干正经事。"

我反问："你觉得你对他不会有帮助吗？"

诸葛无名肯定地说："我觉得没有。我只不过是一个外部投资者，他自己对养猪行业的体会和理解已经非常深入了。我不打扰他的工作，可能就是对他最大的支持。"

我想起马云在 2019 年初的时候曾提及所谓的"企业家精神"，说寒冬时只有具备企业家精神的人才能存活下来。[1]我问他是否觉得猪倌的老总就是具有那种精神的人？

"我没有注意到马云说了什么，但我觉得他会说出那样类似的话，一点不意外。在这样的一个时代背景下，中国经济的增速来到一定水平后，它基本上开始在下滑的过程中了，那么什么样的企业能够留存下来？哪些企业会被淘汰掉？显而易见的，只有那些专注于自己的主业、不投机、不走险棋、苦练内功的企业才能活下来。"

我发现诸葛无名的说法与马云的讲法并不完全一致，这表明他应该是真的没有关注到马云具体说了些什么，另外也说明他自己对所谓的企业家精神可能有不一样的理解。

---

1 马云说："企业的灵魂是企业家，而企业家的灵魂就是企业家精神，包括他的理想主义、他的务实、他的使命感、他的价值观、他的团队意识，一直到他的战略、他的战役、他的战术能力、他的 KPI 设置、他对人的关注。"参见：http://www.sohu.com/a/288424259_313745?_f=index_chan08news_8。

他却停顿了一下，自嘲道："我现在读企业管理的书越来越少了，我怎么来说呢?"

他接着又补充道："不过，这的确是很重要的一点。如果是一个具有企业家精神的人，他首先应该表现出一种非常强的精神追求，就是要把企业带到一个新的高度，这个高度有可能是在规模上，也有可能是在效益上。但最终他要对这个行业做出一定的贡献。"

诸葛无名说得很空泛，没有什么具体的想法。估计是因为他与猪倌的老板没有私下的接触和观察，对这个问题也就没什么进一步可谈的内容了。不过，他的态度已比较明显了，通过考察，他对这个老板虽有好感，但也不过停留在对其企业生产比较放心的投资层面。

我感觉，诸葛无名是一个很有界限感的人，不会轻易跨越界线，也不会对他人抱有不切实际的想法。或许孤独于他就是最安稳的，既不会打扰别人，也不会伤害自己。

如水的友情亲情、如山的孤独寂寞

其间，诸葛无名接了一个电话，他简短地告诉对方他正有事情，并礼貌地说他会再打过去，然后挂掉了电话，继续我们的聊天。我想进一步了解他对生活中更亲密关系的理解是怎样的，比如朋友、亲人。

他说道："我这个人，做人很纯粹也很简单。我觉得'朋友'这个词，它是一个历时性的概念。人和人有时候可能就只是一段时间里的朋友，也可能会是一生的朋友。"

"在芸芸众生中，有的擦肩而过，有的迎面来了聊聊天，过后只是留下一点回忆而已。但无论如何，于我而言，我想善待周围的每一个人，但又不想对别人有所求有所期待。哪怕是一个门口的保安，我都愿意跟他好好相处。我在内心从来不敢轻视任何一个人，也不想太仰视哪一个人。"

"我想过我的人生，我觉得我一路行来，我尽可能地只是当一个旁观者，我尽可能地不过多干涉别人的生活。但我也想与人为善，要把自己对自己的理解、对世界的理解变得丰富起来，仅此而已。"

"我感觉自己是慢慢走向越来越洒脱的境界。我所能做到的就是，我跟我自己、跟这个世界处在一个相对和谐的状态当中。"

他把自己对于孤独的思考融进了日常的人际关系之中，他看似与这个社会疏离，实则内心安宁平和，他接受孤独、享受孤独，并希望自己能在尽量了解它的情况下，让自己一直保持善良。听他说着这些话，安之若素，一副"花开花落都随意，云卷云舒我自歌"的样子。

我感觉，他并不想过多地谈及其他人、任何具体的人，于是转而问他，2015年遭遇投资挫败时，他的家人是怎么看待的。

诸葛无名沉吟了一下，仿佛是在组织语言，又仿佛是在选择哪些是可说的哪些是不可说的，然后缓缓地说："我并没有把这种挫折的影响波及我的家人。就我爱人而言，她对钱没什么概念的，多也行、少也行，只要不影响到生活就好。而我们这些人，虽然投资上可能会遇到一些重大挫折，但还不至于会影响到生活，这是底线。"

"不过，在精神上，我自己的紧张心情，肯定会从外在各方面表现出来，那时候或多或少会对家人造成困扰。只不过这几年变得相对好一些，我自己比较注意了，或者说自己的心智有所改变了。"

"那你和家里人的关系会不会是报喜不报忧的？"

"那也不是的。我还是会跟他们交流的，只不过呢，我没有过度地传染给他们悲观情绪。而恰好我的重大挫折和重大突破不能说是一起来的，但也比较接近。因为当时我投资一个实业，亏了，但还没有了结，还只是一个潜在的亏，我从另一边又赚回来了，这样就不会对他们造成太大的冲击。"

我觉得他这样的说法其实就是间接地承认了，他会在与家人的沟通上隐瞒一些事实，有选择地让他们知道或不知道些什么，特别是在精神层面的交流就会少一些。

"哦——，我倒觉得在这方面，我变得越来越融合了。"他的回应既有些答非所问，也否认了我的猜想。

我不太明白他的意思，疑惑地看了他一眼。他解释道："我和我爱人，还有我爸妈，我都和他们做过充分的交流。比如我买养猪的股票，他们都知道。因为我爸妈就是农民，我老婆又是属猪的。我试图用他们能够听懂的语言，去跟他们交流，告诉他们养猪这个行业的各方面情况。"

见他只是轻描淡写地两句话就带过了，我感觉他并没有完全说实话。因为，根据之前的考察，他是一个把事情看得非常清楚的人，在提及家人时却如此轻描淡写，那肯定是有他不肯多说的理由。也或许可以说，他是在用一种特殊的视角去观察和分析他周围的人和事，包括他的家人。

当然，每个人内心深处的东西其实都是很难与他人言说的，哪怕是至亲之人。

诸葛无名接着我的话头，语气肯定地说："这种精神的东西跟任何一个人都是没法进行深入交流的。从极端的角度来讲，人只能跟自己交流。"

说完这样很哲理的话之后，诸葛无名又回归到凡人的视角："当然，如果有一些和家里人谈不透的地方，我也不强求。作为一个正常人，我还会有其他方面的需求，所以我会出来跟人聊天、来学校听课、和朋友打牌……"

我笑问："你外出活动时，她会放心吗？或者说你用什么方式让她放心？"

他表情认真地说："我会用一些具体的做法，让她放心我在外面不会胡来，比如我投资，但账户不在我的名字下面，我用的是她的名字和我父母的名字；我不抽烟不喝酒，也五音不全，腿脚还不太好，所以不会去歌厅跳舞唱歌；基本上每周打一次牌，牌友都是她认识的……"

诸葛无名调整了一下坐姿，悄悄地转换了话题关注的方向："我主要还是跟其他一些有趣的人在某个特定的方面进行交流，比如，现在我坐在这里，可以跟你交流一些形而上的东西。但一旦我要跟老师你交流股票市场上一些具体的问题，你可能就听得云里雾里的了。所以，我也尽量不想把对猪倌的理解引到财务指标上去，因为一旦那样的话，你可能也听不懂。"

话至于此，我也就将话题再次转到了形而上的层面："那你会不会由此有孤独感？"

他答道："总会有的，是一定有的。这应该是人的一种常态吧。"

爷爷的组织和妈妈的十亩棉花地

他将人生的孤独看作是一种常态，所有的问题也都可以转化为哲学问题。那么，他会如何看待与父母、妻子、孩子的关系？他会怎么排序呢？

诸葛无名说："我还是挺传统的，就是从最亲的人往外，排到周围的人，这样依次外推的。"

在中国的传统社会中，父母与子女的关系是最强有力的血缘关系，所以我自然地问道："在亲人的排序上，你首先会是父母吗？"

诸葛无名却坦率地回答："不是的，首先会是老婆，其次是父母和孩子。甚至如果在父母和孩子之间，一定要排个序的话，可能其次是孩子，然后才是父母。"

这一回答虽然稍微有些出乎我的意料，因为他并非如他所说是那么传统，但我觉得这也是现代人的真实想法，而他并没有加以掩饰。

我继续问："在排序的过程中，如果有利益冲突，你会怎么处理？"

诸葛无名轻轻地笑了一下："起码到现在为止，我协调得都很好。为什么呢？因为，在现代的经济社会中，一个最大的冲突就是关于钱的，而我在钱的问题上处理得非常好。"

"在感情方面，我也挺照顾爸妈的，他们现在和我同住，我每天准时回家。婆媳关系方面，我爱人是很善良的人，和我爸妈的关系处得特别好，把小孩子也照顾得很好。"

"嗯，你是个幸运的人。"

"对，这是我特别幸运的地方。我最近出国，什么东西也没带回来。到了机场，我爱人给我打电话，让我给我妈买了一套化妆品带回家。你看，她考虑得比我周全。所以，在这方面，对我来说，没有什么特别难的问题。"

现代心理学往往都很注重原生态家庭对一个人的影响，所以，我问他："父母对你的影响是什么？"

他沉吟片刻，慢慢地说道："我觉得，他们的善良朴实对我有挺大的影响。他们没有传授给我多少知识，但他们非常勤劳，尤其是在田里的劳作，那是非一般的农民可比的。我可能没有学来他们在田里的勤劳，但是，我感觉在思辨中，我也算是一个勤劳的人。"

谈到父母，诸葛无名的话匣子打开了："我爸妈有两个儿子，我和弟弟。我记得，我小时候，奶奶身体不好，爷爷算是我们村里的文人。他从小在天津读的书，他的父亲，就是我老爷爷，在天津用玉米做糖，开了个小作坊。"

"爷爷读到了中专之后，解放了，他就去了长春，中国第一汽车制造厂。当时那里太苦了，天寒地冻的，也没有房子住，都是打的地洞，上面再盖点东西，而且经常会碰到狼。我奶奶就劝他回家，五几年的时候，他们一起回到了老家。回去后，就再没出来过。于是，爷爷就和他的组织失去了联系。"

"我考上大学后，临出门来上海读书的时候，爷爷站在家门口，拍着我的肩膀，语重心长地对我说：'到了学校，一定要向党组织靠拢啊。'"

那一年他18岁，爷爷的叮嘱也成了他行李的一部分，那是一个老人用一生的经历对他的提醒，当时不是太懂，但他知道爷爷对他有所期待。

"在当时以及之后相当长的一段时间里，我是对这句话不理解的。现在来看，这是一位年迈的老人最大的人生感慨。解放初，百废待兴，他是稀缺的有文化素养的青年人才，有机会去加入到组织中，去东北搞建设。做了几年之后，奶奶觉得太苦执意回家，爷爷从此就跟组织脱离了联系。这个脱离带来的直接结果就是，他以及自己的子女儿孙一直生活在农村，在生活境遇上跟他在组织中的同事相差越来越大，尤其是改革开放后。"

"但假设当时爷爷不脱离组织回老家，又有谁知道后面三番五次的运动会造成怎样跌宕的人生呢。只是人生没有假设。爷爷一语成谶，至今我也没有一个合适的组织依靠，但相反相成，不依靠才不停地提醒自己需要依靠，不停地问自己的人生需要依靠在哪里。"

他爷爷说的向组织靠拢，可能是那一代人所认识到的人与群体之间关系的最优化选择，因为"组织"主导了资源和权力的分配与再分配，那种心态也是中国很长一段时间内，影响国民的核心价值观。在客观上，也从社会层面形成了一种社会团结而非整合的形态。而对于现在的人们来说，因为世界的开放程度、资源的丰富性，公共关怀和诉求，也正从宏大走向微小，从群体走向个体，从依赖走向独立。当然，随着选择的机会越来越多，选择的难度也会越来越大。但只要还能选择，就有无限的可能性。此时，自主地思想就尤为可贵；未来，也因此更值得期待。

虽然，年青的诸葛无名在校期间并没有成为一个积极向党组织靠拢的人，但他仍肯定地说："我觉得我受我爷爷奶奶的影响也挺大的。"

"哪方面的影响？"

"嗯，是这样，奶奶在村里算是一个地主家的女儿，我爷爷家算是富农。他们从小所受的传统教育延续到我身上，还是有不少的。比如，一盘菜端在我面前，我要是先动筷子的话，家里的大人都是不会允许的。"

"爷爷呢，人很宽厚，又有点知识，会写毛笔字。春节前，村里人都找我爷爷写对联，还有办红白喜事的时候，爷爷都是帮人家做账房先生的，给大家记账。所以，他在村里是个挺受尊重的人。"

"我爷爷自打从东北回到老家后，觉得农村生活还是比较辛苦的，他希望自己的孩子能跳出农门，他就不停地写信，想跟他的组织取得联系，想看看组织还能不能想起他。最后，终于联系上了，但那个企业已经搬到了四川。他等到了组织的回信，但那封信也彻底打消了他的希望，因为过去太久时间了，组织既没有给他点补贴，也没有给他的儿子，也就是我的父亲谋个差事。"

爷爷那隐隐约约的期待破灭了，但他仍执着地盼望儿孙辈的人生选择能够多一些。他像几乎所有的中国农村老人那样相信，只有读好书，才能跳出农门。所以，他又将希望重新放在了再下一辈的身上。诸葛无名回忆道："我记得，我小时候，爷爷用毛笔写了很多诗词贴在墙上，我永远也忘不了那首《登鹳雀楼》。他是希望我和弟弟好好读书，将来有出息。"

中国历史上，因为普遍的物质贫乏，人们容易将改变个人和家庭命运的期待寄托到教育上，支持和鼓励孩子读书。高考的实施与推广如科举制一样都是打破阶层固化，完成逆袭的重要渠道。由此，也在中国社会形成了尊重读书人的风气。

"回头来想，爷爷写的字可能也不是多么好看，但是我相信，我的启蒙教育是爷爷帮我完成的。除了简单的文化知识，更重要的是，还有很多来自中国文化传统的东西，比如孝敬老人呀、尊重老师呀、节俭呀，等等。我觉得还是很感谢爷爷的。'礼失求诸野'，[1] 在那样的年代，经过几次运动之后，人性都被磨得差不多了，但有些东西在乡村里反而保留了下来。我记得，我从小在路上碰到什么人，爷爷奶奶父母和人打招呼的时候，都要求我称呼他们的敬称。"

"父母呢，跟爷爷奶奶那辈人不一样。两个时代的人，外在环境的不同，对他们的人格塑造真的是不一样。"

我好奇在诸葛无名的眼中他们最大的不同会是在哪里？

"我觉得，我爷爷奶奶显得更敦厚一些，我的父母很朴实很要强，但是，他们小我的意识更重一些。"

说到此，他又急急地补充了一句："这可能跟他们所受的教育不同有关系吧。"

"爸爸妈妈因为成分不好、家庭环境不好，他们的生活环境更逼仄一些。而爷爷奶奶年轻的时候，他们人格养成的土壤，跟我父母人格养成的土壤不同。三几年的时候，虽然中国也不太平，但并没有把乡村搞得翻天覆地的。我觉得这一点其实很重要，他们所处的乡村环境发生了很大的变化。"

听诸葛无名讲他的祖父母和父母，我感觉，作为 1970

---

1 班固《汉书艺文志·诸子略序》中引孔子的话。指礼制沦丧之后，只好到民间访求的意思。

年代出生的一代人，诸葛无名像很多人一样是活成了父母想要的样子，但同时对父母也有所不满，而下意识的责备又会让他们心有不安，于是想要为自己和父母找到某个平衡点，从而能把那些他认为不满的、不对的东西放下。隔代抚养的恩情与时代变迁的大背景则是最好的理由和原因。

共同体精神与社会阶层的突破

我记得他曾提到过共同体的问题，并认为共同体的特质很重要。那在家庭这样的一个共同体中，他以为的特质会是什么？或者以后他希望的又是什么呢？

他挠了挠头，"我在这方面倒没有什么创新的想法。不过，我们的家庭一直有这样的传统——就是心里相互装着对方"。

"我小时候，我奶奶身体不好，有时亲戚会送些营养品过来，奶奶从来都舍不得自己吃，她会分给爸爸妈妈和我们。而且，她还挺公平挺讲道理的。"

"我觉得，她一定是有重男轻女的思想的，因为她对儿子和对女儿是不一样的，但她知道维系整个家庭的主要支撑力量在哪里。她对孙子说，这是你爸爸吃的，你不能吃，因为爸爸要干体力活。"

"有许多年，她单独住在一个宅子里，我们住在另一个房子里，但她每天都给我们炒菜，然后端过来。而她自己只是把炒菜的锅用馒头擦一遍，再吃掉。这样，我们小时候也养成了节约的习惯。要是有点什么稀缺的、好吃的东西，都不敢吃独食。其实，从本能上来讲，是想吃的，但是这样的家庭教育告诉我，虽然好吃、想要吃，但我也应该跟别人分，或者说我也应该让给弟弟吃。"

"记得那时候，有一段时间，我特别愿意感冒，为什么呢？因为感冒了，就觉得自己获得了一种特权，可以吃个罐头、家里给蒸个鸡蛋羹什么的。哎呀——，你不知道，那个鸡蛋羹，在上面滴几滴香油，再放点酱油，就觉得很美味很美味了。"

"那是在物资缺乏的情况下，现在到了我这一代，这种东西在我身上彰显出来的是什么呢？——当我有了点钱，我就力所能及地去帮助一些需要帮助的亲友……"我一边听他说着，一边想象着他欣然接受老家亲戚们夸赞的表情会是怎样。

他继续说："最近，我一个亲戚的孩子住在我这里，一个初二的小姑娘，正在青春期，有点叛逆。"

我同情地插嘴道："噢，那还挺费心的。"

他从容地说："我就带着她到处玩玩、跟她聊聊天……。我知道不一定能改变什么，但也说不定起点什么作用呢。"

"但其实，你知道吗？我读初中高中的时候，周围的亲戚是不愿意跟我们交往的。为什么不愿意交往？很简单，因为我家太穷，上有老下有小，跟我家交往就老是怕被沾光了一样。"

"我父母很要强，不愿意被人家瞧不起，就拼命干活。拼命到什么程度？当时，我爸爸在果园里干活，很忙，抽不出身来。我母亲就自己种十亩地的棉花。"

说到此，诸葛无名停了下来，抬眼看着我："你知道十亩地有多大吗？"

不等我回答，他又自顾自地往下说："摘棉花的时候，是要用手一朵一朵摘的。她在胸前挂一个很大的布包，摘的棉花越来越多，会让腰很沉。她太累了，没办法，直不起腰，她就跪在地上，一步步地往前跪着走……所以，我父母真的是受了很多累很多苦！"

今天城市里长大的我们，或许很难脑补出那个场景，但我觉得我能理解他母亲的倔强，因为在人生的某个阶段，要强都会是我们最后的保护色。更何况在中国农民的身上，面对困顿时的韧性一直是被传说和书写的最宝贵品质之一。

农村人微不足道的尊严，是他们意识世界里的核心内容，当然这也是关系到自家面子的问题。

诸葛无名并没有在这个话题上过多渲染，很快他换了一个叙事的角度："我小时候，他们和亲戚的关系都是比较疏淡的。虽然，我爸爸有两个妹妹，我妈有一个哥哥一个弟弟还有一个姐姐，但来往都不多。"

"现在，我妈可能也有一种荣耀的感觉，觉得儿子有出息了，可以帮到别人了。但其实我只是顺道帮了那些亲戚。我这么做，也并没有想求得他们的什么回报，只是看到他们不容易，我正好还能帮到他们。后来想想，这些想法其实是我爷爷我奶奶给我的影响。"

终于，在大家族的面前，诸葛无名成为了那个可以给予的人、钱赚得最多的人，妈妈不希望他们家永远是弱势的，他现在有实力去帮助别人，让父母感到脸上有光，能够在老家人面前抬得起头了。可以想象得到他内心的成就感和荣耀感。野心和满足都写在脸上，一家人一直想要的存在感，现在终于实现了。

但以对人性卑劣一面的了解，我知道，许多大家族中也会不时出现对那个先富起来的亲戚的嫉妒和压榨。因为人的欲望有时候是没有止境的，一旦习惯了伸手，就不容易再自己动手；而之前不停给予的人，想要掐掉这条供给线时，反而会被认为是不义的。

这其中的转折包含了太多中国大家庭里各种错综复杂的关系和经历沧桑的世故，我不想追问其中的细节。他也转向了对人性的思考："我感觉，我对人间百态的理解，也是在这样的家庭环境中得来的。"

"你看，我是在农村长大的，然后来到了一个大城市，对中国不同阶层人的生活状态和处世方式有了各种各样的了解，我觉得这真的是人生很宝贵的一笔财富。"

"我带我儿子回过一次老家，他对老家的印象就是那里很脏。当然，等他大了，我会再带他去走走逛逛，让他比较深入地去了解那里。但是，他也只能是走走，他没有在那里生活过。只有你在那里生活过，你才会了解农村人的习性呀、人与人之间的关系呀……那其中可把玩可品味的地方很多，是非常有意思的。"

对于诸葛无名的儿子来说，父亲的家乡已然不是他的家乡，他对乡土社会没有丝毫原初的记忆，他属于"进城二代"，生活将向他展现不同的面貌。

不过，看得出，诸葛无名依然对那片故土念念不忘，并有所期待，尽管这期待可能已无法在他孩子身上有着实际的体现了。这两方面的情感同时作用于诸葛无名，于是，"乡"的概念在慢慢消磨，随之突出的则是"家"的意义。这或许也是中国现代化进程中的一种普遍现象吧。

喝了口水，他继续道："这个世界太丰富了，我们会接触到各种人。我刚来上海的时候，我爷爷之前帮过的一个老头来找过我。当年他们一起读书，我爷爷帮他付过学费，他是上海人。去年年底，我还去看过他。从他身上，我看到人生的不同境遇对他的冲击，特别是看到他子女的生存状态，我才明白，其实人与人之间或者代与代之间，如果真是一个共同体的话，如果这个共同体可能有什么东西能够传承下来的话，有人说是基因、有人说是家风，不管用什么词，反正就是说，有什么优秀的精神性的东西传下来了，那才是最最重要的。"

"那个老头九十来岁了，一个人住在一个单间里，那个单人床看上去很单薄，左右都有点晃。哎呀，我都替他担心啊！我在想，跟我爷爷相比，他在城市生活。以前，农村人对城市是满眼羡慕的。但是，慢慢地，如果我们往前看看，再往后看看，其实在哪里生活并不那么重要。放在一个更长的时间里，你才会发现最重要的依然是那些精神性的东西。它会让人慢慢地变得不狭隘，于是，你也想将这些精神传递给自己的孩子、传递给家人、传递给周围的其他人，让他们有一个相对比较大的心，容得下别人，或者说还能关心别人。"

诸葛无名的爷爷和那个上海老头，当初两个同时出门学手艺的年轻人，或许就因为后来对自己及家人的思考和定位不同，结果造成了人生的巨大差距。家庭出身和社会地位，历来是隔绝社会纵向流动的藩篱，而为了冲破这种藩篱所做出的种种努力，往往成就一些或悲或喜的故事。

在社会学领域中，不同社会层级之间流动的频率，常常被用来衡量一个社会的开放程度。不过，这种在其他人生活中和社会学意义上影响如此巨大的社会分层，在他眼中却更多的是来自一种精神上的自我期许和塑形。

我顺势发问："那你对孩子的教育理念是什么？"

他迟疑了一下："我也没有什么特别的理念。"

我换了一种问法："那你是怎么与他们相处的？"

"在家里面，我肯定是扮白脸的，我老婆是扮红脸的。"

诸葛无名告诉我，他有两个孩子，一个男孩一个女孩，一个七周岁、一个三周岁。他的微信头像就是当初五岁的哥哥牵着刚会走路的妹妹。如今，七岁的儿子上小学一年级。他每天六点半起床，吃过早饭后，负责送儿子去坐校车，半小时的路程，在浦东的一家私立小学。周末，他还会陪儿子参加钢琴比赛什么的。

他说："现在孩子还小，很多时间里，我都是以哄为主，我其实对他们没有太大的要求。"

"当然，也可以说，没有要求就是最大的要求。我平时都很注意用我自己的行为、言语去教育他们。我给他们取的名字，一个是朴、一个是素。如果说有什么愿景的话，我希望他们能做一个纯净的人。"

听见他给一双儿女取名朴素，我突然间有一丝感动。

这道理，很老了，很多人都懂。但是它在当今物质丰富的时代也显得过时了，人们恣意地挥霍着一切可以挥霍的，几乎成了习惯。只有当发现某种东西突然消失的时候，才开始后悔莫及。就像北白犀要灭绝了，才开始不离不弃地守护它。

又听见他说："纯净，但不意味着简单。而是希望他们在看清纷繁复杂的事情后，还能够回归到一种相对简单的生活方式中。要达到这样的程度，就需要一直跟一些本质性的东西打交道。我希望我自己在这方面不停地努力，我也希望我能够带着他们朝这个方向走。"

其实，在任何时候，朴素而活，才能平平淡淡而又长长久久，这个道理永远都不会过时。保持一颗朴素的心，才可以修得一颗本真的心。庄子曾说："朴素而天下莫能与之争美。"

在中国，名字是一个极具代表性与影响力的符号，往往蕴含着深情厚意或远大志向。它甚至可能会影响人的一辈子，从人生道路到职业选择。当然，诸葛无名的孩子们现在可能还不能理解，这两个名字中所承载的那份期望和文化。他是想要让孩子们通过记住自己的名字，去坚守本心、不迷失自我，让他们有能力去喜欢他们喜欢的事情、去追寻他们所敬仰的人。他还希望为他们展现一个博大的世界和胸怀，而不是每一次的竞争和焦虑中，赢得只剩下疲惫的身体和残破的心灵。我觉得，这才是教育的最终目标。[1]

常听人说，人生有三重境界：一，看山是山，看水是水；二，看山不是山，看水不是水；三，看山还是山，看水还是水。只有经过多年的修炼，茅塞顿开，回归初心，做回自己。回头再看时，才会山还是山，水还是水。如此，心静人亦安。而刚过不惑之年的诸葛无名，竟能如此自然地跨过花里胡哨的潮流，不羡慕那些虚头巴脑的东西，直接得正果了，听上去真是让人觉得舒服！

说完这样富有禅机的话，诸葛无名又马上把自己拉回了人间："我不是想要有多么的超凡脱俗，我过的就是世俗的生活。我也没有什么太高远的理想，我只能说是让自己、让家庭在一个合适的世俗生活中过得舒服一点。"

"而从这个意义上来讲，我就要更多地挤占社会有形或无形的资源。"他又回归到了一个商人的视角。

我有点不适应他这样的切换方式："为什么说是挤占呢？"

"挤占，是指相对地，你比其他人，在整个社会资源中多占有了一部分。"

---

1 《庄子》外篇《天道》曰："静而圣，动而王，无为也而尊，朴素而天下莫能与之争美。"意为清静而成为玄圣，行动而成为帝王，无为才能取得尊尚的地位，保持淳朴的本性则成为世间最完美之人，天下没有什么可以跟他媲美。

我理想化地说："那你不能想大家一起往前、共同富裕？你以前不是讲你买那家公司的股票，对他们的员工也就是一种帮助吗？"

"对对，这没错。但另一方面，资本是被异化的，成功人士就是个实力阶层，这无可否认。而你是在对标一个理想的社会，在一个理想的社会里面，资本不应该有这样的位置。但是，现实的社会就跟一个漏斗一样，人处在两个不同的世界里，人被分成两种，一种是被剥削的，另一种是剥削别人的。"

仿佛是怕引起进一步的误解，他又补充道："对'剥削'这个词，我是把它作为一个中性词来看的。作为一个实力阶层，我就想，我有能力去干一些事情，我就提醒自己去干点正当的事情，这样可以让自己心安。"

对于诸葛无名这番前后跨度比较大的话语，我的理解是，他并不是一个要抗拒世俗生活的人，也不是不接地气的人。因为真正的朴素，不是远离生活，而是能在日常繁重的生活里，仍想去找寻一束属于自己的光芒。

我突发奇想地猜测，他该如何将这样一种穿越的思维方式教给他的孩子们呢？不会是在陪他们看《喜羊羊与灰太狼》时，和他们一起念灰太狼发明的穿缝术口诀："米西米西，滑不拉几，如果你不拉几，我就不能米西"吧？

正在此时，他太太打来电话，问他什么时候回家。他小女儿在电话中叫爸爸，他温和地说："妞妞，你们先吃饭，爸爸六点过一点就回来了。"

听着他打电话，我感觉他在内心一定是一个温润的人。

放下电话，他告诉我，他平时总是把事情都安排在白天，晚上都是回家和家人一起吃饭的，基本上从来不在外面吃饭。

"贪图繁华"与决策质量

之后，在关于"关系"的问题下，诸葛无名告诉了我一些关于他个人的经历。他的人生转折与一个人有关，那个人是他的第一个也是最后一个直接的顶头上司。

诸葛无名的本科学的是交通运输管理，后来读了财经类研究生。他自我检讨说："大学四年并没有好好读书，到了大三，心里发慌，想自己以后干吗呢？又想留在上海，贪图繁华。"

听他说到"贪图繁华"四个字时，我差点笑出来，但他却好像是在说别人，这让我想到他总说自己是一个旁观者。可能对于一个自觉成为旁观者的人来说，对自我的观察也是理所当然的，这会进一步地上升到自我反思的层面。所以，他能看到自己，当时和许多的年轻人一样过得混混沌沌，临近毕业了，才知道不能再那样玩下去了，开始思考出路在哪里。

他缓慢地叙述着："那时候就想，怎么办呢？本科毕业是留不下来的，那就考个研究生吧。既然想考研究生，那就面临人生的第二次选择。那时候，我的目标非常现实，其实包括以后，我觉得我做每件事都是相当现实的。"

"当时就想，我以后要挣钱，这是最根本的。要挣钱，就要找个跟钱打交道的职业。一看，觉得会计合适，我就读了一个会计学的研究生。为什么觉得会计专业合适呢？因为会计跟钱最直接了——当时就是这样一个简单的想法。"

"还有就是，我觉得会计学好考。因为我是学理工科的，会计学有它自成一体的逻辑体系，只要把这个逻辑体系搞通了，基本上就只是在做加减乘除了，它连微积分都涉及不到。于是，我花了一年半的时间考上了会计专业。"

"我还是公费考上的，那时候的研究生差不多已经是三分之一自费了。"说到此，他的语气中透着点小得意。

说完年轻时的小成功之后，他话题一转："但实际上，真正学了会计后才知道，会计这个职业是十分枯燥的，而且都是帮别人管钱。"

"我就想转行，我的职业生涯迎来了一次惊险的飞跃。当时我一毕业，就去了一家证券公司的财务部做会计。在这个财务部才待了半年，刚好有一个机会，我就去了研究部。"

"研究部，那是公司的另外一个部门。当时也有一个小伙子想去研究部，他是做投资顾问的，更适合去研究部；我是在财务部的，其实并不适合去研究部。但他部门的领导没有让他去研究部，而我的领导就允许我去研究部了。"

"当时，我思考了整整一个晚上，第二天去找领导，跟他说我不知道该怎么办。他问我：'你直接告诉我，你想去还是不想去？'我说：'我想去，但觉得对不住您，因为您把我招进来，我屁股还没坐热就走人了，对不住您。'他一拍桌子说：'去，我支持你去！我要不坐在这个位置上，我也去。'这真是一个开明的领导，于是，我的人生就在一个偶然中发生了转变。"

表面上看，诸葛无名这次改变人生轨迹的重大决定顺水推舟般成行，但我觉得，背后其实有着他长久以来就盘伏心底的打算。因为在任何的变化之中，我们从来都不是百分之百的被动者。在这个充满分岔的世界里，对人生的规划终究都是和我们的主动选择有关系的。

他继续说："十几年后，我再回到那家公司的财务部，看见很多老面孔。"他一脸感慨的样子。

我问："你还和当年的那个领导有联系吗？"

他点点头："有联系。他现在也做投资了。"

把时间投入到一段闲暇中去

从在上海读书、考研，到进入证券公司财务部、再跳槽到研究部，最后自己出来单干，我感慨诸葛无名的人生投资做得很成功。

他却低头看着自己的手，慢慢地吐出一句不搭界的话："投资，其实并不一定要跟金钱有关。"

然后又接着说道："一说到投资，人们本能地会想到投入和产出，一想到投入和产出，本能地又会把它想成一种线性的变化。这是一种科学的、工业化的思维。它已经让这个时代变成这样了，所以人就会想今天投入这些，明天继续加码，投入更多更大，这是一条不归路。尤其是在涉及一些有形的东西时，投资就更是这样了。但其实还有一种投入与产出，它可能不是一种线性的，无法直接往外推的。"

我好奇地问："比如什么？"

他用手一指我："比如，你可能花了一个下午的时间，只是在安静地做手工，或是把玩一块木头。其实，在某种意义上，你就是把你的时间和人生投入到一种闲暇中去了，那么它的产出呢？可以说是你自身的愉悦感呀什么的。如果宽泛地理解,这又何尝不是一种投资呢?"

"对人生而言,我觉得,就是怎么分配时间的问题。因为时间是最宝贵的,你怎么运用自己的时间,在有限的生命里面,你想获得一种怎样的回报。如果把规划做得好,就是一种完美的投资,不管外面的人怎么看。"

回顾自身,我愿意在书桌前挥年如土,不是被机械的学理性知识绑架而不得脱身,其实不过就是喜欢心无旁骛日久生情的感觉。于是,我呵呵一笑,"有个朋友对我说,时间就是拿来浪费的"。

他也笑了,说:"你这句话让我想起了一首诗,但我记不住这首诗的全部了。只记得写这首诗的人叫晏殊,跟王安石同时代的人,他是做过宰相的人。他说什么:似曾相识燕归来,小径独徘徊。[1]"

他停了下来,好像在极力回想整首诗的内容,然后摇摇头,慢慢地说道:"具体记不清他说什么了,反正他就是讲自己在那里闲逛瞎想。他的那首诗给我的那种感觉真的很好!"

我问:"好在哪儿?"

---

1 晏殊(991—1055),字同叔,抚州临川人。北宋著名文学家、政治家。官至右谏议大夫、集贤殿学士、同平章事兼枢密使、礼部刑部尚书、观文殿大学士、兵部尚书等。他词中最为脍炙人口的篇章是《浣溪沙》:"一曲新词酒一杯,去年天气旧亭台。夕阳西下几时回?无可奈何花落去,似曾相识燕归来。小园香径独徘徊。"

他睁大眼睛，双手一摊："你看，作为朝中的大宰相，他没说他忙于公务，他的时间在那儿，他就让它慢慢地过去了。无所事事，有时可能也是一种挺好的状态。"

"我一直觉得，我来到这个世界上，对这个世界不增不减，这样一来，自己就很放松，就是一个旁观者的人生，所以，就还是有不少的时间是可以拿来肆意浪费的。"

他不想活在别人的眼睛里，也不愿影响别人。他只想穿越心灵的沼泽，不让生计凌驾于生活之上。生命太短，他想要活在自己想活的那个世界里。

于是，在这个不那么文艺的时代里，听诸葛无名谈诗，我也并没有一种"为赋新词强说愁"的不真实感。

众所周知，晏殊开创了北宋的婉约派词风，清末文人冯煦在《蒿庵词话》中称晏殊为"北宋倚声家初祖"，意即宋词真正的发端是从晏殊开始的。这首《浣溪沙·一曲新词酒一杯》从表面上看，表达的是作者伤春惜时的情感，然而常见的景象，在晏殊的眼中，却多出了许多人生的感悟，伤情中带有哲思。而这种清丽淡雅又带有些许伤感的词句，竟然出现在混迹于震荡股市之中的诸葛无名之口，原来庸常的生活中不是没有风景，而是我们没有慢下来驻足欣赏。

其实，在闲适自由中也能拓展思想的深度。我们不要整天匆匆忙忙，可以坐下来，换一种心情，换一种生活的节奏。去看日出日落、看日月星辰、发呆冥想，然后安静下来，读一些经典的东西，体会一种不同的人生。

世本是世，人本是人

通过诸葛无名关于关系的梳理，我对他有了一种近距离的观察。

对于与外界的关系，他知道在这样一个复杂多变的时代里，人和人之间的关系，就像踩跷跷板一样，需要对等的付出，才能保持双方平衡，否则就会失衡。而合作与联盟的维系更是难得——要想达成长期稳定关系，要让它成为正资产，就必须滋润彼此、成就彼此，否则这种关系就会成为一种消耗、一种拖累、一种负资产，最后割舍就成了最明智的选择。成人的世界，无需过多的亲密。因此，哪怕是对他投资最大的企业老板，他也有意识地保持距离，以自身的获利为最基本的出发点，同时也以不打扰别人为行事原则。

而听诸葛无名讲述他的家族故事，我有一种置身中国现当代历史进程之中的"感觉"，仿佛能看见，他从祖父辈的言传身教中、对家庭的坚忍维系中，体认到的那种曲折微弱却不竭向上的伦理传承、精神气脉与人生追求，在他身上打下烙印，孕育出普通人的生命意义和尊严。

可见，一个人成长的家庭环境，对人一生的影响，远大于十二年的应试教育，或者大学四年的专业课程。而父母当年的劳作，特别是母亲跪地摘棉花的那一幕，一定是深深地印在了诸葛无名的脑海之中，让他明白没有什么是不需要艰辛的付出就有收获的。农家之事，尤其如此。这种辛苦得来的收获，让他懂得珍惜和感恩，明白何以生、何以活，何以活出人样来。可以说，诸葛无名的家庭和家教影响了他一生的做事习惯，也赋予了他赖以为人的最初的精神底蕴。当然，这也养成了他后天自觉向传统文化靠拢的思想趋向。

诸葛无名生于那样一个家庭，又长于这样一个时代，在他的成长故事中，他丝毫不回避自己年轻时，择业的最初动机就是图钱，以及让自己的能力迅速变现的想法，肯定这也是许多人认为最理智的想法。当然，这也源于他早年的贫困生活体验，以及受到都市生活吸引。但他却并未止步于此，而是进一步地想回报自己身边的人，进而引导自己的孩子也能成为一个心胸开阔、服务社会的有用之人。同时，他又把这些想法朴素地归因于早年祖父辈在他心中播撒下的善良种子和文化传统，认为家庭作为一个社会最小单元的共同体，最重要的是应该留下某种精神的财富。

在听诸葛无名讲述那些家长里短、为人处事的原则时，我能感受得到，他在经历许多世间事之后，依然能内心柔软而坚定。同时，对于他来说，也不是所有的事情，都要为挣钱让路的，他从不会忽视家人，总是按时回家吃饭，陪伴父母妻儿；他也不会忘掉自己，不时地审视自己的起心动念。总之，他好像并没有刻意地去做什么，世本是世，人本是人，这或许便是真正的做人和处世吧。

六、 赚到与赚不到

中国人自古以来就相信："天将降大任于斯人也，必先苦其心志，劳其筋骨，饿其体肤，空乏其身……"的说法，[1]意为成就大事业者，必先经历各种曲折艰辛，乃至失败挫折，然后才能做成一番大事。诸葛无名提及他在投资方面曾遭遇重大挫折、也有很大的突破，因此，按照这个套路，我也想知道他遭遇了怎样的挫折，又是如何走出来，并实现华丽转身的，想要找到他在这一过程中调动了怎样的思想资源帮他渡过难关和困扰。

---

1 该句完整的前后文在《孟子》中："舜发于畎亩之中，傅说举于版筑之间，胶鬲举于鱼盐之中，管夷吾举于士，孙叔敖举于海，百里奚举于市。故天将降大任于斯人也，必先苦其心志，劳其筋骨，饿其体肤，空乏其身，行拂乱其所为，所以动心忍性，曾益其所不能。人恒过，然后能改；困于心，衡于虑，而后作；征于色，发于声，而后喻。入则无法家拂士，出则无敌国外患者，国恒亡。然后知生于忧患而死于安乐也。"

能力圈就是随心所欲不逾矩

一个冬日的午后，天阴阴的，淡淡的光线从窗外照进来。坐在暖暖的办公室里，我问诸葛无名："你做投资多长时间啦？"

"有十三四年了吧。"他简短作答。

我又问："那在最近这两三年里，你的资本积累是否有了一个质的突破？"

他沉吟了一下："质的突破应该有三四年了吧。在这几年里，一是有遭遇重大的挫折，同时也有相对的突破，这两点都对自己有比较大的影响。"

"能讲一下你遭遇的挫折是什么吗？"我期待着能够进入这一主题。

"2015 年底，我投了两个实业，基本颗粒无收。投入很大，但都失败了。"

"这促使我深刻反思。最后，这个反思所带来的头脑上的收益弥补了我外在的损失，我在内心取得了平衡，我不认为我亏了多少。"

其实，对于商界之人而言，遭遇挫折实属平常，但落到个人身上，却往往不平常，其间的缘由和过程或许并非皆足为外人道。因此，当我原本希望以这样的一个问题来引发诸葛无名对细节的描述，没想到他并不想回忆，只用两句话就概括完了他的挫折与突破。不过，我有些不甘心，于是问道："这么快吗？在一年之内就显现出来了？"

他回应道："不，不是说就显现出来了，这是两个维度。我头脑上的收益是指，我认识深刻了之后，我相信，这点损失在思想上它就不是损失了，并不是说我就把钱赚回来了。"

我继续追问："那你花了多长时间做这个反思？"

他悠悠地答道："我一直都在反思。不过，这一次的过程大概有大半年吧。"

我还是想挖些细节出来："你反思的时候有什么具体的做法吗？比如，有些人会去庙里或山上……"

如今，身心修炼的方式很多，也各自被赋予了很多的意义。对城市中产来说，修炼是一种价值观正确的表现，意味着消费能力之外的自律与进取；意味着朋友圈九宫格的风景与虔诚拜佛的自拍；不晒出几张高山雪域图或是冥想打坐的场景，就会担心沦落到了鄙视链的末端。当然，修炼还可以升华到找寻自我、对抗虚无和焦虑的解药。

对诸葛无名来说，却并没有那么复杂和曲折。他平静地说："没有，我不会专门去什么特别的地方。我就是反复想自己的投资行为的动机以及决策依据，还有投资之后的表现，看是在什么地方出了错。"

说到此，他又快快地加了一句："说白了，当时就是被猪油蒙了心，就是只想多挣钱了。"

其实，炒股嘛，许多人都是奔着躺赚而去的。赚到钱的那些人，往往会在捞了一把之后，想再捞一把，最后却很可能把前面赚得的钱都输光了。而诸葛无名当时的那个表情让我觉得，他似乎是想尽快结束对这个事情的任何具体说明，虽然，他之前说头脑上的收益已大过实际的损失，但我感觉这次的投资失败应该还是对他产生了很大的影响。

顺着他的话，我也很直白地问道："你是说自己太贪心了？"

他一时语结，但仍承认了这个事实："可以这样理解。就是在认识不清晰的情况下做了不合适的动作，超越了自己的能力边界。"

早在《史记》中司马迁就说过："天下熙熙，皆为利来。天下攘攘，皆为利往。"逐利，是人的本性。同时，"利"字也是一把双刃剑。

看见他多少有些懊恼的样子，我叹了一口气，宽慰道："唉，我有个朋友两年前也是这样。"

他似乎感觉得到了理解，语气缓和了下来："太多这样的事情！那个时候是真亏了，如果没有及时醒悟过来，有人就真会去求神拜佛。"

我委婉地说："这个事情如果你想多说一些最好不过，但如果只想点到为止也不勉强。"

他双手一摊："基本上就是这样，没有太多其他的。我觉得我对这件事情的本质、对自己当初的行为已经理解到位了。"

我力图脑补一下那个事件，因为这样的情节，很容易让人想到童话故事中关于"禁忌"和"诱惑"的主题。但人的本性决定了，越是禁忌的东西，越富有诱惑力。所以，门一定会被打开，苹果一定会被吃掉，禁忌一定会被打破。然后，惩罚就会到来……当然，个中曲折，肯定一言难尽。

见掏不出更多的细节，我转换频道："在反思的过程中，你有没有想到什么特别的人说过什么特别的话？比如你之前提到的黑格尔、汤因比、王阳明、许倬云等，换言之，你有没有在这个过程中去找寻什么思想上的支持？"

诸葛无名点了点头，肯定地说："嗯，我之前提到的那些人的那些思想对我自己都是有所支持的，这次也不例外。"

"如果说，特别想说的人，我觉得是芒格和巴菲特他们这一对搭档对'能力圈'的说法给了我启发。"

诸葛无名说："其实，以前也读过他们的东西，但认识不深刻。这次经过自己的实践，再读读他们的东西，确实感觉不一样。"

"能力圈"这个概念在投资界广为流传，并被认为是巴菲特之所以成功的第一大原则。1986年巴菲特在伯克希尔公司年报中说："投资人真正需要具备的是对所选择的企业进行正确评估的能力，请特别注意'所选择'（selected）这个词，你并不需要成为一个通晓每一家或者许多家公司的专家。你只需要能够评估在你能力圈范围之内的几家公司就足够了。能力圈范围的大小并不重要，重要的是你要很清楚自己的能力圈范围。"[1]

投资界对于巴菲特及其搭档所提出的"能力圈"理论推崇备至，芒格说："如果你不清楚界限在哪里，就不能算是一种能力。如果你不知道你的能力范围在哪里，你就会身陷灾难之中。"因此，诸葛无名把投资失败归因于对自己能力圈的把握不到位，对此，我并不感到奇怪。

大多数人对能力圈的理解主要局限在投资领域内对某只股票的把握上，认为自己没有获得预想的投资收益或者出现亏损，就是因为对自己的能力大小认识不足，跨越到能力圈之外了。

但诸葛无名说："我认为能力圈不能以大小来界定，也不能从投资者个人出发，而是要从他的投资标的来界定

---

1 http://www.360doc.com/content/17/1221/18/28056923_715149125.shtml.

他的能力圈，是标的物需要他怎样的能力圈，然后他打造标的物需要的能力圈去适应它，这样，他才能获得与投资标的物匹配的能力圈，进而获得投资信心和投资回报。"

他对能力圈的定义是："能力圈是人们对事物认识的总和。是由包含人生观价值观的基础核心圈作为根基，匹配通用能力圈和专业能力圈所组成的集合。"

听他这么说，我猜想，他一定看过《穷查理宝典》[1]这本投资人的必备之书。

他却挠了挠头说，"翻过，但也没仔细看。《穷查理宝典》是很好的一本书，不过，我觉得其中其实就是一些大白话。"

接着，他提到国人对巴菲特的过于推崇是不必要的："我看有人那么着迷巴菲特，甚至对巴菲特哪一年说了什么话都能脱口而出。"

他有点嘲讽地说："我真羡慕这样的人！"

"但是，我觉得，既然爹妈生了你，何必那么的巴菲特呢？为什么不好好地做一回自己呢？"

说完这句稍显调侃的话，他又补充道："我说这个，一点也不是想要亵渎人家巴菲特，也不是要贬低某个人。"

其实，由于媒体的无知和夸大，国人将巴菲特与炒股

1　[美] 彼得·考夫曼编：《穷查理宝典》，李继宏译，上海人民出版社，2010年。本书收录了芒格过去20年来主要的公开演讲及各种评论。

紧密联系在一起，这是对巴菲特的误解。巴菲特是在独特的家族优势背景下，加上自身对于经济、社会、政治、企业具有深邃思考之后发达起来的，炒股是他的副产品。

我发现，在与诸葛无名的所有对话中，他会频繁地提到各种名人名言，说到他们对自己的启发。的确，有那么多大师在前面，人们很容易成为他们开创的任何一种思想潮流下的一员。然而，诸葛无名却明显地表现出拒绝被带节奏的姿态，他并不认为从那些经典字句中能找到对他问题的详细解答，他不盲目地跟从任何一个人或任何一种思想。

不过，"能力圈"这个词的确是投资界经常用到的，我想要知道他与其他人的理解有什么不同之处。

诸葛无名自信地说："别人只是在口头上用，而我是表现在行为上。"

说完这句话，他又谨慎地补充道："当然，我没办法与别人划一个绝对的界线，说他们是他们，我是我，这不可能的。但很多人的确只是把能力圈挂在嘴上的。"

"所谓'能力圈'，其实它不是一个圈，我们更多地可以把它看作是各种不同集合中的一个交集。人们做一件事情时，需要各方面的知识和能力，当某一样或某几样欠缺时，基本上就是处于能力圈之外了。那一定是要在各种条件都成熟、都产生交集的时候，才可能是能力圈发挥作用的时候。"

说到此，他低头刷手机，"我查一句话啊，前段时候收藏的，说的就是这个意思。"他翻看了一会儿，结果没找到他想要引用的那句话。

他放弃了，继续说："我理解'能力圈'，就是当你在做一件事情时，你能够与这件事情发生共鸣，那可能就说明你可以在一定的能力圈里做事了。"

我知道，通常会有人将自己的能力圈局限在几只具体的股票上。

他说："这样的理解可能有些褊狭。这样的说法，似乎是能够对一只股票的未来走势有一定的把握能力，但是实际上，要达到这种能力，就像陆游说的'汝欲学诗，工夫在诗外'[1]一样。能力一定要拓展到对这只股票之外的整个股票市场的理解，以及对这只股票背后的企业，还有企业所属行业的深度认知。这才是本质，股票其实就是一个外在的符号而已。"

"工夫在诗外"，是宋朝大诗人陆游在去世的前一年，给他儿子传授写诗经验时说的一句话。其意是指学习做

---

1 陆游：《示子遹》："我初学诗日，但欲工藻绘；中年始少悟，渐若窥宏大。怪奇亦间出，如石漱湍濑。数仞李杜墙，常恨欠领会。元白才倚门，温李真自郐。正令笔扛鼎，亦未造三昧。诗为六艺一，岂用资狡狯？汝果欲学诗，工夫在诗外。"

诗，不能就诗学诗，而应把工夫下在掌握渊博的知识、参加社会实践上。陆游在另一首诗中又说"纸上得来终觉浅，绝知此事要躬行"。可以知道，所谓"工夫在诗外"，就是要强调"躬行"，到生活中广泛涉猎，开阔眼界。诸葛无名以此来说明投资者不能只是眼睛盯在股市上，而应该对所投资对象有更加深入的了解。

紧接着，他又对"能力圈"做出了一番中国式的表述，他说："随心所欲不逾矩，[1] 这其实就是对能力圈的另一种说法。你看，孔子做到这样是他已经七十岁的时候，他让自己行为的各个方面都做到了。而对于我们四十岁的人怎么办呢？就只能在一个狭小的领域内做到随心所欲，这是因为你的交集还比较小。等到七十岁时，可能变得天地般宽了，那就可能变成圣人了。"

"这个随心所欲，只是在一个合适的范围内的随心所欲。"

孔子在《论语》中总结自己的一生时说："吾十有五而志于学，三十而立，四十而不惑，五十而知天命，六十而耳顺，七十而从心所欲不逾矩。"这段话时常会被人引用，来为自己不同人生阶段应有的状态做注，而才刚过不惑之年的诸葛无名却把孔子七十岁时的精神追求，用来比

---

1 《论语·为政》中孔子自称，"七十而从心所欲不逾矩。"意为人活到七十岁时，才做到既能随心所欲，但所作所为又不越出规矩。

附巴菲特所说的能力圈。这不能不说是有点穿越，但似乎也并没有什么问题。

接着，他又说："我们的行为，本质上是我们内在精神范式的外化，投资从属于这一点。投资要取得合适的目标，需要我们的精神范式能够跟投资标的所嵌套的各种范式形成同频共振。这应该就是巴菲特说的能力圈。"

老实说，作为外行，我并不十分了解巴菲特和他的搭档是如何论证能力圈的，那是说一个人只适合做什么，就注定了不能做别的吗？

诸葛无名道："这不是一个静止的概念，巴菲特的能力圈有一个不断拓展升华的过程，在这其中充满了不停的变化。当然，也有人在解读的时候把它看成一个消极的东西，把这个能力圈看作一个固化的状态。但哪怕是用泥土制成的人，也可以展现出不同的特质来，并不是说就是完全不变的。"

"我对此的理解是，能力圈中所提及的内容也包含某些天性的东西在其中，我相信人都是有一些固有的天赋的，这些天赋在不同的领域里会展现出不同的能力特征来。"

回到具体的问题上，我问他："巴菲特有关能力圈的这种说法在那个节点上给了你怎样的启发？由此带来了什么样的变化？"

他概括性地回答道："我的体会是，要知道自己知道什么，知道自己不知道什么。以后，再做行为决策时就会变得小心翼翼一些。或者也不能说是小心翼翼吧，但是我会变得对自己的决策心里有点数了，不是那么盲目了。"

我稍有些失望地问："这就是你遇到的最大挫折?"

诸葛无名的目光避开我，望着窗外答道："可以说是的。"

"那个过程也是我的投资行为之一，只不过呢，那个行为给我造成了一个严重的挫折。"

如此简短的回应，或许他只是想说，那些都是过程，不管时间长短，都必须去面对和接受。

"接下来的就是，我获得了一些突破。先有思想上的突破，也就是认识上的相对深入，然后才达到行为上的相呼应，并做出相应的改变。到了 2017 年的时候，我的收益相对就很高了。"

说完最后一句，诸葛无名仿佛终于走出了之前的阴霾。我以为他会开始浓墨重彩地向我详细描绘他的顿悟和胜利，于是问道："所以，你的突破是什么?"

哪料他又恢复了一贯的低调和谨言："其实，也说不上什么突破。但我觉得我在 2017 年的所作所为，也就是投资行为上的盲目性少了，认识更加全面了。表现在外在方面，就是取得了一个比较好的收益。"

如绝大多数平凡人一样，高光时刻与至暗日子，对于诸葛无名而言，都不是生活的主旋律。他的故事与很多人很像，就是他的职场生涯遇到了问题，在反复思量的过程中，他发现在一个更加开阔的世界里考虑问题时，那都不是什么大不了的事。换言之，这并不是他个人遭遇的特殊情况，而是一种普遍的困境。

说完上一句，他又补充道："我2018年也很好。这一年，整个经济情况不太好，很多人在股票上是亏损了的，[1]这个市场总体跌了百分之三十多，[2]但我其实是没有跌的。"

刚说完自己的小成就，诸葛无名马上又自我反省道："当然，这些话看上去都是在拿着结果来说原因，不一定能服人。不过，我的股票没有跌也没有涨，基本上是平的，这是事实。这也就已经是很好的结果了。"

"但这种拿结果来说事的做法，结果和原因不一定有逻辑上的关系。我时刻告诫自己，一定要警惕这种思想，不要把这种关系搞反了。如果我把这种想法必然化了，那

1　据澎湃新闻2019年1月1日报道："受全球金融市场表现不佳冲击，全球排名前三的富翁，除了贝佐斯，比尔·盖茨和巴菲特的财富都在2018年缩水。中国方面，亿万高净值人群的身家在2018年则蒸发近760亿美元。"在该报道后面的评论区里，有"别关心这些富豪了，他们损失再大也仍然控制着产业，我再损失一些可就爆仓外加断供了！""股民损失更大。"等类似的跟帖。
2　据报道，2018年中国股票市场上A股大跌近25%，市值蒸发超14万亿。

我一定就是变得狭隘了，那样的话，我的投资行为出风险的时刻可能就要到了。"

其实，诸葛无名不用自我反省我也相信，他的成功不是缘于偶然，而是他从猪倌的养殖方式和理念中嗅到了商机，再凭着自己对整个行业及国家政策的分析，他才断定了猪倌于他，就如同当年拿破仑之于黑格尔一样，是一种具有结构性的精神力量。

同时，我也发现，在我们的对话中，诸葛无名经常会在刚说完一件事情或一种思想方式之后，立即又从另一个方面加以检讨。他在自我反省方面表现出来的能力和大度，不断加深着我对他的佩服。这或许可以被总结为一套"思考—行动—反思—再行动"的思维和行为模式。我想，这也正是诸葛无名能够从低谷走出来的重要原因吧。

不过，这番谈下来，我也发现了问题：他实际上投的是企业，而不是单纯的炒股。换言之，他也就不是人们一般所说的小散户了。

他自己也说过："虽然，表面上我是投资在股票市场上，但实际上我对这个实业的认知更充分，我也更自信了。这是投资的本质吧。"

我疑惑地问："那你还把自己定义为散户吗？"

他支吾了几句，似乎力图对我科普一点金融常识，但又不知从何说起的样子，最后说道："我应该还是的。但一旦涉及一个名词时，人们总是会有不同的理解，叫法也不同。大部分时候可能都是鸡同鸭讲。我个人依然可以认为自己是散户，但又和大家以为的小打小闹的散户不太一样。"

"在自我认知上，我没有严格地区分。这个游戏的规则是，先要在本质上把实业理解清楚，但是呢，如果对股票和股票市场有更深入的理解的话，那肯定能够在减少风险提高收益上有帮助。所以，两者一定是结合在一起的。"

我问道："那么，在这其中你觉得最难的是什么？"

诸葛无名答非所问地回答道："最难的问题对我而言，一定不是外在的、物的问题，而一定是我自己内心的一些挣扎和纠结。因为你知道吗？人不会总是墨守成规地待在一个地方不动的，他老是想到外面去活动一下，那伴随而来的就会出现一些张力吧，那不是好与不好的问题，这也可能是人的本性吧。"

这让我想起他之前提到的叔本华的钟摆理论，我追问他的纠结和挣扎是什么。

他说："比方说，在股市上，我看到很多东西，我想要去把握，又不一定能够把握得住。这个时候，是不是该下注呀等等，这些都会成为问题。"

"我觉得这是一个常态，就是一个人生的常态吧。"

我不再顺着这个话题继续往下追问，因为我知道他又惯常地回到了"他的"形而上思考方式上，将简单问题复杂化了。

不过，我发现，在关于"挫折与突破"的话题中，他的回应始终聚焦在一个关键词上，那就是"能力圈"。有人对"能力圈"理论的总结有四个字："不懂不投"。换言之，因为投资注重的是安全边界，而"能力圈"理论的侧重就在于如何避免错误。[1] 诸葛无名似乎也不例外，从投资挫折中，他反省的关键点，就在于想要更好地去识别出自己能把握的和不能把握的东西。但他在运用"能力圈"的概念时，更进一步地将自己的思考提升到了一个将来也能统领其他投资决策的大方向上，而不只是限于对几只具体股票的分析上。

换言之，他是想确定某种核心逻辑，而不是抱着买入一只股票之后不久就能涨的心态做投资。所以，投资中的投机心思就减少了，更多的是一种价值投资的思维。这样，在一定程度上，他就有可能超越股票市场上单纯的卖方和买方，使之不至于陷入无论是个人的还是股票的所谓"成长陷阱"[2] 之中。

这也让我联想到诸葛无名之前对于投资生猪养殖业的

---

1 https：//xueqiu. com/5509299851/87769455？ url ＿ type ＝ 39&.object ＿ type ＝ webpage&.pos ＝ 1.

2 百度百科："成长陷阱（Growth Trap），在投资上是指高估值成长股的平均回报远不及低估值价值股。"

考量，其中是否具有成长性也是他选股的重要指标。当然，发现并持有具有持续竞争力的高成长股是所有价值投资者的梦想。投资就是买未来，这几乎是人人都认同的观点。但成长型投资，却往往不是人们想的那样简单，也绝非每个人都有幸成为风口上的猪。这首先就要求投资者能够找对"风口"，能够预测新技术的走向、具备预判企业能否成功的商业眼光，以及预知未来行业格局的远见卓识。

然而，"洞察先机"四个字说似简单，却并非无心插柳的小事。因为，所谓的成功说到底不过就是一次次洞察先机，然后投准时间和金钱而已。

潘多拉的盒子

接近傍晚时分，最后，我还想知道，在经历了那样的挫折与突破之后，他是不是会觉得自己有了足够的资本来指导他人炒股？又或者因他对猪倌这只股票的笃定，而劝人投资？

诸葛无名摇摇头说："每个人都有自己找寻道路的方式，我的方法也不一定适合他人。"

"我更不会去劝人在猪倌上大量投入。"

我好奇："但作为一个投资者，你追求的就是超额收益。你既然看好猪倌，觉得它肯定能盈利，那么，劝人投资，既帮到了别人，也会间接地帮助你达成超额收益的目标，何乐而不为呢?"

诸葛无名语出惊人地说:"这其实是我最担心的事情。这可能就是所谓的潘多拉盒子[1]。你一旦打开了它，就很难收拾好自己的心思去面对它。"

"哪怕是最高明的知识分子，他也很难在这个方面把握得住。其实，看似一个美好的天使，但可能并不是一个好的东西。我不希望我身边的人碰到这样的事情，所以我在这方面一直都很小心的。"

"知识分子清高，我能够看得出，我明白。但人有些东西一定是共通的，那些人性中最底层的东西，很多人还是把握不住的。也就是说，那些东西，平时可能藏在一些犄角旮旯里，不容易发现，但当它一旦被什么东西触发，就会慢慢滋生出来。"

没有进一步展开推演，诸葛无名只是点到为止，但他这一番关于知识分子也难逃贪婪之心的高论，着实让我吃

---

1 这是古希腊的一个神话故事，据信，众神用黏土制造了一个女人潘多拉，赋予她美貌和诱人的魅力，然而，她及她随身携带的精美盒子却是宙斯想要施加给人类的惩罚，盒子中释放出了人世间的所有邪恶——贪婪、虚伪、诽谤、嫉妒、痛苦等等，最后却把希望锁在了盒子里。因此，之后英语中常借用 Pandora's box（潘多拉的盒子）来比喻"灾祸之源"。参见［古希腊］赫西俄德:《工作与时日》第 55—105 行，《神谱》第 569—611 行，张竹明、蒋平译，商务印书馆，1991 年，第 3—4、43—45 页。

了一惊，不得不在心里佩服他对人性洞察的仔细入骨。不过，我在口头上还不想立马承认，因此勉强说道："如果你只是介绍自己的经验和观察得来的结论，并不直接劝人投资，万一出现了你所说的那种情况，也和你没关系呀。"

岂料他一脸正色，"你说的这个仅仅是表面的责任问题，而我考虑的是道义上的问题。另外，哪怕没有什么不好的情况发生，别人也赚了钱。但我更多考虑的是，像你们这样的知识分子是不是能够在钱上控制得住。我说这样的话，可能不是太好听，但我相信一定有人会做出某些不好的行为来"。

我觉得他这话与之前劝我炒股时的说法很不一致，他却解释说，这是话题不同的问题，劝我炒股是因为，一方面他很尊重老师，觉得知识分子的智力水平足以驾驭这个领域；另一方面又觉得知识分子拘泥于一些既有的知识和思想，而跳不出来，无法化知识为生产力，只能固守清贫。所以，他希望我能做一点跨界的动作，能够也向他靠拢一点，按他的原话来说就是"假如我是一个武林高手，我教给了你怎么用刀，那么，你现在出门就应该能够砍人了"。

他不想劝别人在猪倌上投资的原因则是，一方面，投资的原则之一是不追高买股，而 2019 年春节以后，猪倌的股票已涨上去很多了；另一方面，更主要是他基于人性的考察，不希望我在自己的高校朋友圈里宣说此事，而给知识分子带来某种盲从。

他委婉地说，"你看，这个世界上聪明的人比比皆是，特别是你们这些教授。但有些人一旦跨越了自己的领域时，他可能幼稚得连个小孩都不如，于是一系列的悲剧就可能产生。这也就是我从能力圈理论中学到的东西。"

"我研究猪倌这个公司，我是围绕它的方方面面来看的，我还会想这个公司是怎么走到现在的，它的未来又可能走向何方。我的观察和判断是动态的，随时可能变化的，但如果你们只是听了我现在的结论，没有自己做研究，也没有跟着公司的变化在走，就直接投资了，那很可能就会被其他一些不确定因素裹挟而去。最后吃亏的是你们，内疚的是我。"

诸葛无名的这番话让我再次想起了所谓的"羊群行为"，我曾赞赏他的独立思考不盲从，而他却更自觉地意识到，或许有一天他的话语也可能成为别人盲从的对象。看来，书生如我，真的是只擅长言说书本知识，难以做到知行合一。然而，他却在此处等着我，给我当头棒喝！

我想起二十多年前，有一部名叫《股疯》的电影曾一度风靡全国，影片中从公交汽车的司机到商人，再到公职人员、知识分子，虽投身股市的动机不同，但他们都如同中了魔法一般，随着股票的涨落而扭曲了心态。

而潘多拉的故事是我时常在课堂上拿来分析的对象，首先，漂亮的潘多拉是被制造出来的，而不是自然生长出来的；其次，雅典娜等神灵还专门为她精心打扮、装饰，赋予她各种美妙的特质。然而，这样一个美丽的尤物却是宙斯为惩罚人类的无知和自大而制造出来的灾星。换言之，她的出现既是一个圈套，隐藏着灾祸和不幸，也是一个试金石，考验的是人的智慧是否能够辨别出真正对其有价值的东西。在《神谱》中，如果说普罗米修斯的计谋是将财富隐藏在平常的外表之下，那宙斯所做的就恰好相反，他是把不幸隐藏在诱人的表象之中，他让铁匠神赫淮斯托斯制造了这个名叫潘多拉的"祸害"，正是她诱人的外表让人类接受了她。

听诸葛无名以此为喻来警示自以为处于知识顶层的学者群体，我一时之间找不到合适的语言来描述内心受到的震动。因为，一个人最难做到的，就是对自己内心的控制。知识分子往往会以为自己的内心足够强大，但是错了，我们其实很脆弱。大家可能都有相同的感受，但是，很少有人在公开场合谈论这个话题，诸葛无名直白地说了出来，让我有些不知所措。相较于那个处处玩弄心机和诡计的"狡猾的普罗米修斯"，作为身处金融投资之中的诸葛无名却显得质朴很多，他并没有第一时间直觉地想去利用人性中最底层的东西获取超额利益，而是提醒被人们视为身处象牙塔中的知识分子警惕面对诱惑可能带来的心智的不可控。

应该说，在整个讲述过程中，诸葛无名都显得很平静，关于他自己的部分，好似在讲别人的故事，他既不是在控诉自己时运不济，也没有抱怨他投资的那个企业不争气。他只是在不断重复，经由那场挫折，他的思想更成熟了。因此，可以说，2015年底的那场投资失败，让诸葛无名直面了自身的贪婪与眼光的短浅，而通过及时的反思自省，他平时储备的知识和思想则让他在精神境界上得到了真正的提升，得以从根本上总结经验教训，从而把握住另一个良机，由此不仅在投资上获利，同时也在一定程度上突破了自身的局限，实现了真正的成长。

而在完成了这一过程之后，他并没有沾沾自喜，更没有想要以自己的成功诱导那些还没有觉悟的股市菜鸟，相反，不忘本色的质朴和道德感，让他在预见他人可能掉入类似陷阱的时候发出警告。我可以肯定，诸葛无名没有研究过赫西俄德的《神谱》，但他可能远比其他研究者更明了这个故事里的深意：宙斯的正义从根本上规定了人类的命运，秩序与道德仍然是人间关系和秩序的范式，人必须加以遵从和模仿。而普罗米修斯的行为则是人类欲望的投射，他的机巧所导致的灾难最终使他自己成为了受害者。

七、 出走的意义

通常，诸葛无名的外出活动除了去各地考察养猪的相关情况外，迄今为止，他还参加过几次带有点学术性的游学活动，我将之称为"出走"，是想与他日常的投资行为区分开来，试图从一个思想养成的角度，内在地观察他的心路历程。

《墨子·亲士》曰："昔者，文公出走而正天下，桓公去国而霸诸侯。"这种出奔带有一种被环境逼迫不得不离开的意味，好在当事人由此发愤而成就大事。其实，无论是被迫之举，还是主动为之，游学作为传统的一种学习受教的方式，中国民间自古以来，就非常重视其对人格养成和知识形成的重要作用，"读万卷书，行万里路"，更是中国传承至今家喻户晓的古训。

如今，旅行的意义也早已不在于"到此一游"，以告诉别人"这里我来过了",以便打卡拍照发朋友圈。其实,旅行更像是一场自我的出走,也是一次重新的回归。它也不仅仅是离开熟悉的环境以便直面自己,还在于当我们从被框定的生活里走出去,可能一方面会发现自己所知甚少,另一方面也有可能更坚定了以往的某种想法。而一个人的灵魂只有经历过出走与归来,才可能同时具备夏花之绚烂与秋叶之静美。

所以,生命需要适时地出走。

因此,在等待他 2019 年的第一次出游归来之前,我满怀期待,以为一定能从他嘴里听到一些更深刻的感想和体悟,而且这些想法很可能是超越之前的、显得更为高大上的东西。然而,这样的前提预设与之前的一些想法一样,都只是先入为主的书斋式设想。事实证明,作为一个行动中的思想者,诸葛无名的思想世界与他的投资实践从来都是完美统一的,并无片刻的分离。

密涅瓦的猫头鹰

2019 年初,诸葛无名去了一趟欧洲,此次出游可以算是一种游学活动。总共十几个人,来自全国各地,从事什么职业的都有,十天时间,他们游历了罗马和伊斯坦布尔两座城市。

这次诸葛无名参加的游学活动大致安排是：白天，参观古代名城的各个著名景点，并听带队老师现场讲解历史；晚上，在旅馆里读书。事实上，诸葛无名在出发之前就告诉我，老师要求他们，在出行之前就要开始阅读一些相关史实的书籍。这种旅游的方式让他觉得很新鲜、也很有意思。

然而，回到上海，坐在我办公室里，诸葛无名却说："其实，我对历史并没有这么强烈的兴趣。但是，我在做我的工作时觉得，人有历史感很重要，能以历史的角度来看问题很有意思，这是我想要向他们学习的核心。"

他进一步解释道："他们想找到那个帝国不灭的基因，这对我不重要。但他们是专家，他们在看待本专业的东西时，他们的历史感肯定是很强的，我只是从一个旁观者的角度，跟着他们，看看他们是怎么进行他们的研究的，看看他们看问题的方式方法是什么，这是我的核心诉求。"

我问他有什么重大收获。

"有多少收获倒也谈不上，但引起共鸣的地方还是不少的，有几个故事，我给你讲讲哈。"他直了直身子，咳嗽了一声说。

"在伊斯坦布尔，我们参观了老皇宫。因为只待两天，时间有限，所以新皇宫就没去。在老师的讲解中，新老皇宫的风格迥异。我虽然没有真正看到新皇宫，但对照老皇宫，再听了老师的讲解，就感觉好像也去了一样。这种感觉很妙。"

我问妙在何处？

他说："其实很简单，当时老师说那些话时，我突然在脑子里想到的就是黑格尔在形容希腊文化时说的一句话'密涅瓦的猫头鹰总在黄昏时起飞'。[1]"

虽然，早已熟悉诸葛无名跨界的思维方式和跳跃的表达，但每次听到类似的描述我都有些惊讶，然后极力想要跟上他跳跃的思路。

密涅瓦是罗马神话中的智慧女神，出现在她身边的猫头鹰则是智慧和思想的象征。黑格尔用密涅瓦的猫头鹰在黄昏中起飞来比喻哲学的功能和作用，意在说明哲学是一种反思性的活动，带有一种沉思的理性。因此，象征哲学的猫头鹰不可能像其他的鸟儿那样，在阳光充沛的蓝天里翱翔，而是要等到薄暮降临的时候才悄然起飞。诸葛无名的引用似乎与此并无关联，黑格尔也不是在讨论希腊文化时提及这一形象比喻的。

---

1 这是研究黑格尔哲学的学者经常引用的一段话："关于教导世界应该怎样，……无论如何哲学总是来得太迟。哲学作为有关世界的思想，要直到现实结束其形成过程并完成其自身之后，才会出现。……当哲学用灰色的颜料绘成灰色的图画的时候，这一生活形态就变老了。对灰色绘成灰色，不能使生活形态变得年青，而只能作为认识的对象。密纳发的猫头鹰要等到黄昏到来，才会起飞。"参见［德］黑格尔：《法哲学原理》，范扬、张企泰译，商务印书馆，1982年，第14页。

按照黑格尔的说法，哲学的反思是"对认识的认识"，"对思想的思想"，即是思想以自身为对象反过来而思之。这意味着哲学的反思必须是深邃的，是在喧嚣过后寂静空间里的苦思冥想。当然，黑格尔把哲学比喻为在黄昏中起飞的猫头鹰还意味着，哲学的反思需要"精神上、情绪上深刻的认真态度"，需要从"日常急迫的兴趣"中超脱出来，需要排除"意见的空疏浅薄"。或许是在这两个层面上，黑格尔的说法，让此次远赴欧洲游学的诸葛无名予精神上反思的可能性。

但我还是不甚明了，他如何把哲学的反思与参观伊斯坦布尔的新老皇宫联系在一起，又如何与他的投资实践联系在一起。

他解释道："老师说新老皇宫在装饰风格上很不相同，老皇宫的装修风格是比较简单、粗犷、素朴的，而新皇宫极具奢华，是富丽堂皇的欧式宫廷风格。那么，我就理解了：在一个帝国的成长过程中，不同的阶段，它的精神特质会表现在不同的方面，而内在精神是能够统领它们的关键，有了精神的统领就有了历史的感觉。在某种意义上，我就与它融为一体了。"

我抬起头，满是疑问地看了他一眼："你是说你自己跟伊斯坦布尔的皇宫融为一体了？"我觉得这种比喻很奇特。

他咽了一口唾沫："我是说，我们看了那么多的古建筑，如何设身处地把它们统带起来？我觉得它们中间有一种内在的精神。而理解了那种内在精神，有了这种精神统带时，其实就能理解这个历史了。从这个角度上，我就跟它，跟这个帝国，跟伊斯坦布尔的古老建筑融为一体了。"

我明白他又回到黑格尔的世界精神的概念上了。果然，他继续说："回头来看我们自己的工作，其实我们自己就是在创造历史。如果是在黑格尔的历史精神统领下去创造历史，或者说去发现历史演进的逻辑的话，这就是我的工作，我就在干这个，我也应该这样去干。所以，这就是一种很妙的感觉。"

显然，能在旅行中将所见所闻与他接受并认定的一个思想观念如此圆融地结合在一起，那一定是他已将那个概念内化在头脑之中，并且随时都能将其调出，与纷繁复杂的各种外部事物相结合，从而达至一种逻辑的自洽。

不过，我仍希望他能自己谈出来，于是我追问："你是怎么把黑格尔的世界精神与你的工作具体结合在一起的呢？"

他说道："很简单，我现在手中拿着养猪的股票，其实养猪行业的发展也具有它自身的运行规律，也是一种精神性的体现。如果这种精神性的体现能够找到合适的载体，它就会促进这个企业的发展。这时企业的表现就是它历史精神的表达，这没什么虚的，与我之前说的也没什么区别。"

我问道："那这样说来，出去与否实际上对你也没太大影响。"

他点点头："对，影响不大。"

我追问："如果出去前和出去后，你在思想上并没有产生什么新的思考，那你为什么还要出去游学呢？"

他睁大眼睛说："必须的呀！"

我问："只是作为一种生活的调剂吗？"

他显得稍有些着急地说："不是！你看，你出去了，就能不断拓展自己的边界，包括视野的、感官的、思想的、知识的……边界。"

我再问："但如果你已经形成了一套自己思想的逻辑，那这种拓展还有什么意义呢？"

他重新回到惯常的说话节奏中，不紧不慢地说道："很简单，因为信念是需要不断加强的。在这个维度上讲，比如说，有人是顿悟的，他的信念一下子就能达到极强；而有人是渐悟的，他就得不停地往那方面修炼自己。"

我笑问："那你觉得自己是渐悟的还是顿悟的？"

他也笑答："我肯定是属于渐悟的那种人，远远没有达到顿悟的程度。所以我需要不断强化这方面的认识。"

"而且，说实在的，我只是会那么几个词而已，对它们内在的逻辑我还没有展开系统的学习和研究，比如黑格尔所说的历史精神、共同体的文化特质等。我的理解甚至可能连框架都算不上有，我也不一定是真懂，但碰巧知道了这几个词，而这几个词又恰恰能解释我的疑问，所以有了一些自己的体会。"

黑格尔对共同体问题的讨论主要集中在他的《法哲学原理》一书中，《法哲学原理》包含三大部分：抽象法、道德、伦理。其中伦理部分又包括了家庭、市民社会和国家三个环节。黑格尔认为伦理就是自由意志既通过外物，又通过内心得到充分的现实性。而他的共同体思想实际上是基于伦理理念的一套演绎，即从作为直接的伦理精神的自然共同体——家庭，到作为伦理精神分化的社会共同体——市民社会，最后推至作为伦理精神统一的政治共同体——国家。

而黑格尔对共同体问题的探究还可以追溯到古代希腊，柏拉图与亚里士多德就认为，人本来就必然与他人结成共同体。而政治共同体就是从这些基本形式里逐步发展起来的。黑格尔在《法哲学原理》（下编）中重现了这种政治理论结构，他阐述了市民社会如何从家庭辩证地发展出来，并从市民社会推进到国家。可以说，在某种意义上讲，黑格尔的政治哲学成了他那个时代的图景，这也正如柏拉图的政治哲学描绘了当时的古希腊一样。

黑格尔在《法哲学原理》的序言中说道："柏拉图理念中特殊的东西所绕着转的原则，正是当时迫在眉睫的世界变革所绕着转的枢轴，这就显出他的伟大天才。"[1]这与社会契约论有所不同，该学说的重点是要解决谁拥有最终决定权的问题，以及由谁衍生出一切政治的和法律的权威。而黑格尔则代之以具有历史连续性的政治共同体的理念，并在此嵌入他的道德学说作为国家的必要条件，从而将市民社会理论嵌于家庭理论之中，视其为初级的人类共同体，再将国家作为自足的完善共同体。

可见，黑格尔从柏拉图和亚里士多德那里学到的是，将人视作一种社会性的动物，人必须依赖社会分工来生产其生活资料。而《法哲学原理》则明确强调了国家的社会职能或福利职能，由此，黑格尔的政治哲学几乎注定会发展成一种类似于自由社会主义的思想。马克思很早就看到了这一点，才在对他批判的基础上发展出了马克思主义的哲学观。

当然，这些学理上的关联和承继并不是诸葛无名所关注的重点，如他自己所言，他只是借用了一些词汇来表达自己的意思而已。而他对"共同体"的理解，我猜想恐怕更多是一种中国式的认知，即所谓团结一致、众志成城、

1　［德］黑格尔：《法哲学原理》，第10—11页。

同仇敌忾、彼此支撑等等中国话语所构成的集体力量，毕竟中国人是世界上最笃信"集体力量"的民族。历史上无数次的难关，中国人都是在这种彼此照见勾连、相互扶持、顽强坚持中度过的。

不过，哪怕是对那些词语的借用也让他感觉到了有些吃力，于是他停顿下来，转换了话题，问我一直打字记录是不是很辛苦。我笑着说："还好，习惯了。"

精神符咒

他接着说："那我再给你说第二个事例吧：刚到罗马时，我们去了一个古城的废墟，在废墟的旁边有一个古代的斗兽场。老师指着那个斗兽场说，这是当时统治者取悦人民的一个道具，然后变成贿赂军队的工具，最后是贿赂禁卫军[1]。由此可见，这反映的也是罗马帝国在走向衰落的一个过程。"

"嗯——，老师大体的意思就是这样，具体怎么说的我已经忘得差不多了。但有一点我体会到了：那就是一个

---

1 古罗马的禁卫军是罗马帝国时期直接由皇帝统领的一支宫廷卫队，在罗马帝国时期的各种政治活动中起到重要的作用。但实际上，"禁卫军"这一名字在罗马共和国时期便已被使用，只不过那时指的是罗马将军的私人卫队。奥古斯都当政后，为稳定时局、树立权威正式设立了禁卫军，直到公元4世纪初，君士坦丁大帝解散禁卫军，其间经历了三百年左右的时间。

共同体的内在精神对这个共同体的命运，在某种程度上具有决定性的意义。"

诸葛无名说到此处时，先是有一个口误，把"共同体"说成了"公司"，后来他又自己改了过来，我想大概是因为他平日里接触最多的共同体就是公司的缘故吧。

"那个斗兽场似乎就是罗马帝国，或者说它似乎就是为罗马帝国贴上了一道精神符咒一样。"他几乎是一字一顿地吐出"精神符咒"四个字。

"其实一个国家是这样，一个组织、一个公司是这样，甚至一个人也是这样。内在的精神特质对国家、组织、家庭或个人在某种意义上真的具有决定性的影响。"

"在罗马，我们看到从凯旋门、广场到斗兽场，皇帝们把军队的地位看得很高，发很高的薪水给他们，还用各种方法去收买禁卫军，但最后禁卫军却砍掉了皇帝们的头。[1]"

说到这里，诸葛无名浅浅地笑了一下："我这方面的知识不多，讲不全。不过，从老师的讲解中，我体会到的就是，一个共同体不断变化的内在精神特质对它的命运一

---

1 罗马帝国时期死于禁卫军之手的皇帝有：卡里古拉皇帝（公元 37 年—41 年）、加尔巴皇帝（公元 68 年—69 年）、佩蒂纳克斯皇帝（公元 193 年）、埃拉伽巴路斯皇帝（公元 218 年—222 年）、巴尔比努斯皇帝和普皮努斯皇帝（公元 238 年）、戈尔迪安三世皇帝（公元 238 年—244 年）、奥勒良皇帝（公元 270 年—275 年）和普罗布斯皇帝（公元 276 年—282 年）。

定具有某种绝对的影响。"他又重复了一遍以上的观点。

做一只海鸥挺好

然后，接着说："我想说的第三个点是我自己的观感：这十天，我们就去了两个城市，这两个城市的共同之处是都在海边。站在海岸边能够看到很多鸟，是海鸥，成群结队地在那里飞过来飞过去的，它们这里看一看，那里看一看。我感觉我们就像那些飞鸟，飞到那里去看一看，又飞走了。"

"但究竟我们是海鸥，还是海鸥是我们？"——他一副陷入沉思的样子。

我笑着试图打断他的沉思："你有了庄子梦蝶的感觉啦。"

其实，什么东西入眼入心，是很能见一个人的精神气质的。

他没有笑，继续在自己的思考中："做一只海鸥挺好！能够到处去逛逛，其实它就是一个旁观者。"他说这话时的表情仿佛就是一只不那么急于找到归途的海鸥。

"作为一个旁观者，能够与那些有千年历史的建筑融为一体，那一定是在精神上有共鸣，才能融为一体。我可能没有那么多的历史知识，所以也没有那么多那方面的感受。关于历史方面的感受，我是特别特别的少，我只是自己在想。"

　　这已不是诸葛无名第一次提到做一个旁观者的想法了，每次我都感觉有点不适应他作为一个现实中的投资者与自我想象中的旁观者之间的融合。因为一个角色似乎过于热闹和务实，而另一个角色则显得冷静和不介入。这两种角色所具有的特质在大多数情况下是冲突的，但在他身上却和谐共存。或许，这两者其实就是事物的一体两面，冷静的观察正好为具体的投资行为提供务实的基础和准确的判断，而热闹的背后恰好是不介入的思考所带来的必然。

　　此刻，我能感觉到他的孤独与平静，这种孤独对诸葛无名来说，不只是一种状态，更是一种选择。听他如呓语般讲述海鸥，我莫名地想起米兰·昆德拉的一句话："最好的旅行，是在陌生的地方，发现了一种久违的感动。"

　　我们俩都沉默了下来，享受片刻不被干扰的孤独和不受限制的思想漫游。

　　一个人在一个环境里待久了，每天行走同样的路线，去同样的地方，重复同样的事情，而旅行则不止增广了见闻，还体验了陌生，旅途上看到不同的社会，观察不同的价值观，旅者也仿佛获得了一种新的身份和生活方式，这或许就是诸葛无名所说的"又多活了一次"吧。如果他没有花时间去深究他的感受，那么，2019年的冬天，他对那两座城市的印象就会和其他游客没什么两样。但那里的建筑让他产生了思想上的共鸣或触动，于是他思考了。那些认识虽然并没有改变他以往的思想，但他却有了一种把自我和世界放在一起的感觉，这使他确认了自己需要一直走在那条已经在走的内在探寻之路上。

圣人无常心与凡人拧巴的内心

片刻之后，我又把他拉回现实，抛出一个世俗的问题："这是你第一次出国吗？"

"不是。以前还去过美国，还去过日本。"

"那这次出国和以前去国外有什么不一样的感觉？"

"当时去美国主要是去探望亲友，也就是旅游，更多的是感官上的感受。这次不一样，在去之前提前做了些准备，去到那边还有老师带队。西方有句谚语：'去过佛罗伦萨的傻子，回来后还是傻子。'如果没有老师的带领，我自己去了可能就只能是走马观花，没有什么感受，也不可能有那样的收获。这也就是说，一个人和什么人在一起显得相对比较重要一点。"

显然，那种观光旅游固然也是一种行走或者是了解陌生国家的方式，但我发现，他更关心的还是他的思想世界。能让他跟某个地方发生联系的，一定是那里的什么人或事或建筑让他在思想上产生了某种共鸣或触动。有了那样的触动，他就像穿越了一片森林或沙漠，最后再次确认自己需要回到之前已经在走的一种内在的道路上。

不过，我并不知道有那样一条谚语，我倒是想起了他以前说过的话，记得他说过，去老板班听课时并不想结交其他学员，也不想以这种方式去拓展生意圈的朋友。

他坦率地说："对对对，我基本上就是那样的想法。"

我问："如果认为一个人和什么人在一起是很重要的，作为一个投资者，你为什么不去拓展生意上的朋友圈呢？"

他回答道："我不是不想拓展，而是不想刻意去拓展。其实，就是说，炒股票或是用其他方式赚钱，它都是一条永无止境的路。在这条路上，既然没有尽头，那做这个事情就只是多和少的问题，而不是有和无的问题，也不是新领域和旧领域的问题。所以，在这样一条路上，我不想走得太快太急，因为生命就这样短暂的一个旅程，与其匆忙赶路，还不如走慢一点，让自己在走的时候，能够边走边左右前后地张望一下。"

"这样的方式对我而言，可能会觉得人生更有意思些。"

我继续问："那你想拓展的人际关系是哪方面的呢？"

他重复了一遍刚才的话:"我倒不是不想拓展生意圈的朋友,只是不想刻意拓展。"然后,慢悠悠地继续说:"我只想找点有趣的人和有趣的事,看看别人是怎么活、怎么做事的。"

我回应道:"嗯,你以前也是这么和我说的。"接着又追问道:"你会对碰上的那些有趣的人和有趣的事进一步地深究吗?怎么深究?"

他眨眨眼:"我会在心里模仿他们,或者说是在心里和他们换一下角色,把自己置换成他们,尝试着理解对方,尝试着与对方产生某种程度的共鸣。"

问:"这种共鸣产生后对你有什么帮助呢?"

答:"你看,好比哪个古人说过'圣人无常心,以百姓心为心'。其实,很简单,当你能够把世界上的每一个人的心都置换一次的话,那么你就充分理解这个世界了。"

我笑道:"那你就活了不止一百遍,甚至是千千万万遍了。"

他肯定地点点头。我猜,匆匆世间走一遭,他是想把这个世界寻一遍也把自己寻一遍吧。

这是诸葛无名第二次引用老子的同一句话。这句古语是老子《道德经》第49章《任德》中的第一句,意谓圣人无常人之私心,以百姓之心意作为自己的心意。老子说的"圣人"是指符合"道"的统治者,而要做一个"圣人"，首先就不能有自己的私心私欲和主观意愿，不能以自我为中心，不能从自我意志出发去决定好恶、判断是非。而要反过来，以百姓的所思所虑去决定自己的言行。这就叫顺应自然、符合大道，从而达到人我合一、天我合一。

可见，诸葛无名的理解与此虽有所接近，但并不完全契合。

人生只有一次，他却想把它活成很多次。我顺着他的话往下问："这种多活一遍的感觉对你有什么意义呢？"

他望向窗外，思考着慢慢地说道："我始终在想协调内心不同的自己，以及自己与世界的关系。在这个过程中，如果能多活几遍的话，在协调关系时就可能顺利一些、不那么拧巴，也就是让自己感觉好一点。这就是意义所在吧。"

以我对他的观察，我觉得诸葛无名并不是一个拧巴的人，而是温和且善解人意的。但或许每个人的内心都有一部分还是个害羞、无助、闹着别扭的孩子吧，而人的一辈子都是在发现、驾驭自己的不成熟状态。我问："你以前觉得自己活得很拧巴吗？"

他笑了笑："以前，肯定是很拧巴的。只不过从外表来看，相对于别人而言，我可能显得不是那么拧巴。但相对于自己内心而言，我还是拧巴的。这就是说，在调适自己和外部世界的过程中，总是有不少粗活和细活要做的。"

拧巴和矫情被视为一种负面情绪，以至于许多人暗暗告诫自己，"我不要太拧巴了"、"我不要太矫情了"，浑然不觉某种拧巴和矫情可能也是一种审美上的高标准和自我追求的严要求。

这种敢于直面自己的内心并不断自我剖析的精神，始终是诸葛无名身上最让我欣赏的地方。而他的前一句话还让我想起之前不知在什么地方看到微信的创始人张小龙说："其实我并不内向，只是长得像内向的样子。关键问题是，我照镜子的时候居然也信了。"诸葛无名的这种说法是在反向模仿名人吗？我不知道，我只是看着他的眼睛问道："那你现在觉得自己和以前比不拧巴了一些吗？"

他点点头："是的，现在我感觉自己不那么拧巴了。"

我请他举例说明，他难得调皮地冲我笑笑说："比如，我能坐在这里说自己。"

低下头，他又恢复了沉静的表情："最大的明显之处是，以前总觉得自己很缺钱，非常非常缺，一点没有安全感，现在这种感觉在慢慢消退的过程中。"

说完这句话，他又匆匆补充道："当然，我还达不到如果在遭受非常大的损失时仍然能有这种感觉的程度。但是，我相信我肯定比以前进步了，就是哪怕我真遇到了一个巨大的损失，我觉得我的内心也不会像以前那么脆弱了。"

他的这种表达让我们又回到了以前曾经纠结过的一个问题上，我也以一种常人都会质疑的方式反问："那是因为你现在赚到了足够多的钱？或者是钱挣到了某个数字之后才会这样说吗？就像前几天有人在网络上调侃时说的：马云说他从不计较钱的多少，那是因为他赚到了足够多的钱。普通人敢说这样的话吗？"

诸葛无名似乎并没有感觉到我话中的酸味和讽刺，他不急不缓地应道："当然，大家自然而然都会这样去想的。但是，还有另外一个原因，我觉得是因为我的心灵在成长。"

我问："你所说的这种心灵的成长不是因为钱带来的？"

答："它俩分不清哪个是因哪个是果，而是缠绕在一起的。如果非得给自己加分的话，我觉得是心灵的成长更多地起到了因的作用。"

他没有否认钱多带来的益处，但却更关注内心的成长。他这话让我顿时收起了自己的小心眼。

他继续说："心灵的成长让其中一个最大的问题解决了。"

我很好奇地插嘴："那个最大的问题是什么？"

他慢悠悠地说："就是思考问题的逻辑慢慢地树立起来了。这个听起来可能是非常可笑的，因为它是一个基础的东西。但是，现实世界中，人行为的盲目性和不符合逻辑性实在是太过于普遍了，我只是变得有一点点逻辑了，我感觉这算是一个重大的转变。"

"换句话说，我变成一个有点讲理的人了。"

信仰的力量

我冲他点点头，他继续说："再一个就是在逻辑的基础上，对一些信仰性的东西有了一点点的认识。"

我问："是什么样的认识？"

他似乎被这个问题卡住了，半晌没有回应。

然后才慢慢地一字一顿地说："比如，我认识到推动一个人、一个组织或一个国家往前走的动力，除了知识以外还需要一些信仰的力量。"

我记得我们以前讨论过这个问题，我想要更深入地了解他对信仰的认识，于是再一次地追问道："你在这里所说的'信仰'是什么？是纯粹指宗教层面的？比如佛道教、基督教。还是泛指的？"

他思考着答道："我觉得我说的应该是一种泛义上的信仰，既包括宗教上的也包括一般意义上的。"

"这次去罗马，老师也讲到西方社会的三大信仰基础，比如基督教里的新教改革讲因信称义。[1] 而我读王阳明，他讲'心外无物'[2]这些东西，似乎也是带有一点神秘性在里面的，不是完全能够用逻辑展开和解释的。但这些神秘的东西确实能使人变得更有力量，尤其是在观照预测未来的时候，这种东西更重要。"

王阳明南镇观花的公案是为了说明其"心外无物"、"心外无理"的学说，他认为人心的本质就是理，并且人能自觉到这种道德意识，所以人不需通过外物去认识本心之理，外物之理只是人心的表现。格物的工夫不是去认识外物，而是去掉本心的私欲之蔽。因为任何事物离不开人心的观照，若意义得不到确认，与人的价值关系也就无法确立。用他的话说，就是"意之所在便是物，意之本体便是知"，"物者事也，凡意之所发必有其事，意所在之事谓

---

1 "因信称义"（Justification by Faith）是基督教中重要的一条教义，《圣经·罗马书》4：13 中说："神称信耶稣的人为义，因信基督称义，不因信律法称义。"在理解上有广义和狭义两个方面：广义是指基督徒得到救赎和在上帝面前成为义人的必要条件。狭义是指基督新教特别是路德宗关于如何得救的教义。中世纪神学强调圣功是获救的重要步骤，但后来流于形式，不重人的行为与信仰。马丁·路德从保罗致罗马人书中的因信称义的观点引申出，信徒可以由于信仰而直接成为义人，由此免去了中世纪教会的繁文缛节。因此，因信称义的提法也成为了路德派的重要教义和标志。

2 王阳明：《传习录》下卷："先生游南镇，一友指岩中花树问曰：'天下无心外之物，如此花树，在深山中自开自落，于我心亦何相关？'先生曰：'你未看此花时，此花与汝心同归于寂。你来看此花时，则此花颜色一时明白起来，便知此花不在你的心外。'"

之物"。

王阳明的心学就是强调圣人之学即为身心之学，要领在于体悟实行，切不可把它当作纯粹的知识，仅仅讲论于口耳之间。我想起之前的谈话中，他也不断地提到心与物的关系，看来王阳明的心学与黑格尔的历史精神，在诸葛无名的思想深处已融合成他理解世界并指导其生活和工作的法宝了。

只听见他接着说，"从这个意义上讲，未来不是知识和逻辑的对象，而是信心或恐惧的对象。"

我点点头："嗯，你说你要和有意思的人交往，其实你自己就是一个非常有意思的人，你很有想法。"

他显得有些不好意思，于是习惯性谦虚地说："其实，这些想法也不是我发明的，我只是转述别人的。"

不过，旋即，他又自我肯定地说："但我似乎对这些话有一些理解了，所以才拿出来说一下。为什么呢？因为我刚好干的活跟其他人不太一样，很多人他们是拿工资的，有个确定性的目标。而我呢？干的活不是按部就班、日复一日不变的，在别人看来似乎是在不停地下注，就好像是在赌博一样，这就需要对未来有一个合适的展望。这个时候就经常地要涉及需要预测的问题，那么，自然而然地，对于未来怎么认识，就变成了一个最基本的问题。面对这样的基本问题，我应该用怎样的知识和工具来应对它，用什么样的逻辑和方法，甚至是逻辑之外的东西来看待未来，这就成为一个很底层的问题了，一点不深奥。所以，我就在这方面做了一点点的努力。"

"因为只有这样，才能使自己看起来在不走寻常路的投资行为中获利。"

"其实，我做的投资也和别人的投资不一样，那么，在出格的行为中，我就一定要找到自己心灵的慰藉。否则的话，假设你有很大的仓位持有某一只股票，那么它的波动就会充斥你的内心，使你变得喜怒无常。"

"那可不是我想要的人生。"

我笑问："那你要的人生是什么？"

他一如既往地平静，吐出四个字："从容平静。"

在这个充满各种欲望和浮躁的现实世界里，有多少失去从容、纠结于生计的人生啊。作为一个每天可能面对各种金融风险的炒股人，诸葛无名却不想要一种被资本裹挟而去的急迫人生，这种从容平静从何而来？

他淡定地回答道："所以呀，我就必须要在精神上能够驾驭它才行。"

——这是他对其投资理念的总结，我想也是他对自己人生的一个总结吧。

像欣赏艺术品一般观察思想的过程

诸葛无名的另一次出游是在 2018 年国庆期间，与复旦大学社会学系教授谢遐龄、哲学系教授王德峰等去了杭州。我问他那一次出游的体会是什么。

他很概括地说："我跟他们去了杭州，听他们聊天，觉得很有意思。"

"其间，也聊到炒股的事情。但在现在这样一个股市不稳定的情况下，我真的不敢轻易地给别人做过多的推荐。另外，其实，我知道，像谢老师这样的大教授是看不上这种东西的，他们是有大智慧的。"

我附和道："嗯，谢老师是有宏观意识的人，他的话经常能给听者启发。"

诸葛无名说："是啊！那场对话我记得很清楚，谢老师说他要从文明的角度来阐释问题，虽然我听得不太懂。但我发现他看问题时不会完全从别人的框架来看，他不是说你有这样的框架，他就轻而易举地被你带进去了，他会从框架之外来看。"

"那我觉得投资也是这样的，也需要这种精神。"

"最后，谢老师还说了，'哎呀，每次开大会（他指的是党的代表大会），我都看见了很多的机会，但作为一个知识分子，我只是看到了，而别人是把握住了'。"

我问："他说他只是看到了机会，但没把握住。这句话给你什么启发？"

他有些答非所问："其实，我去听谢老师、王老师或其他老师的讲课，我真的不是在听内容也不是在听结论，我更多地像是在欣赏一件思维的艺术品一样，我就是去看看他们考虑问题的模式、角度、方法。"

的确，对于思维的训练，具体的内容和结论并不是最重要的，推理的过程才是重要的。许多人在听讲时，只想知道结果，不想要过程，这样的听众会让讲者感觉乏味。事实上，推理的过程越丰富，思维的能力才越能提升。

"听他们的课对我的好处在哪里呢？就是他们思考问题的方法可以被利用在我的实践中，因为他们的认知活动和我的认知活动在本质上是一致的。"

我笑道："我现在明白为什么你当初听我讲希罗多德时会与炒股联想在一起了。"

他说了一句："差不多的吧。"然后，思路又自然切换到了他的股票上："以前，一到股票交易时间，我都会盯盯盘。现在，每周三的上午，曹锦清[1]老师给他的研究生

---

1 曹锦清，华东理工大学社会与公共管理学院教授、博导，社会学家、三农问题专家。主要著作有《当代浙北乡村的社会文化变迁》、《走出理想的城堡——中国单位现象研究》、《中国七问》、《黄河边的中国》、《如何研究中国》等。

上《社会思想史概论》，我去旁听。早上 8 点上课，一直到 11 点，手机就放在那里，我一动都不会去动一下，而是专心听讲，听得很痛快。"

"当曹老师在说的时候，他拿实证主义和人文主义的方法在对比的时候，我就反思自己的研究方法，我真的是有感触，虽然我现在的头脑仍然是糨糊一片。"

"真的，我听这么多的课、跟着教授去游学，但我把他们讲的都忘了，或者说我一开始就没有存心想记住。"

我笑道："这是太极的最高境界。据说只有把太极的所有招数都忘了，才能达到一种化境，在遇对手时才能随手应对。"

话至于此，我们相视大笑。

故事的结尾
一个野生思想家的穿墙术

2019 年 10 月下旬，关于中美贸易战，美国总统特朗普说"非常接近结束"，2020 年 1 月 15 日深夜，中美第一阶段经贸易协议在华盛顿正式签署，据说第二阶段的磋商也已启动。而诸葛无名围绕猪倌所产生的一系列思考仍在进行中，关于他个人的投资理念，他也始终强调"现在远没到总结的阶段"。不过，我对他的近距离观察和记录则告一个段落了。

诸葛无名的穿墙之法

尽管对我以他的思想过程为核心进行写作始终不以为然，诸葛无名还是同意了我对他的访谈。我猜想，他之所以同意我写他，一方面是出于礼貌或友谊，另一方面，也是为了对自己的一些想法进行梳理。整理思想是一个内向的活儿，和整理电脑内存类似，是一种使生活得以净化或优化的方式。

当然，在这样一个思想净化的过程中，他所呈现的内容和面向也一定会是有所保留和取舍的。更何况，在研究者介入的情况下，研究对象会对自身的身份和定义进行重新的审视、反思和塑造，而研究者的工作则是对其反思的再反思。因此，一切的记录都不过是在转译，远比不上真正思想进行中所带来的冲击。

而作为一个观察者和记录者，我不想也不敢用某种既有的知识体系或理论框架来总结诸葛无名的思想，因为，他不是任何学术观点的实验品，可以供研究者以理论的剪刀去裁剪比对的对象；更关键的是，虽然他在谈话中用到了来自古今中西的各种思想资源，但他对其的理解却往往带有自我定义的成分，并非任何学理上的所谓"正解"或"路径"。

在诸葛无名的整个思想过程中，他没有想挑战谁，也没有以为自己的见解超越了谁，更没有想过要建立什么个人的理论体系，事实上，他对话题和事物的反应通常都是比较温和正经的，他也并未提出什么令人感觉"惊艳"的观点。他只是一个在现实生活中想要活出自己、活得明白的普通人。于是，他编辑思想，把知识与生活结合，构建出自己的投资策略，并创造性地形成了自己的投资哲学。

然而，很明显，他又不仅仅是一个纯粹的生意人，我觉得他还是一个野生的思想家。因为，一方面，他所借用的那些古今中外的思想成为他每个人生阶段的支点，照亮了他的内心，让他活得自洽且充实，他也在自觉地运用那些思想资源进行着自己的思考。而另一方面，之所以称他是"野生的"，是因为他的主业是做投资的，他对各类思想的编辑组合只是他的业余爱好或"兼职"而已，再鉴于他"单打独斗"、游离于各种门派及理论之外的思想姿态，所以我将其戏称为"野生的思想家"。

至于他的穿墙之法，说神奇也不神奇，说平淡却又有其独特性。

在量子力学与道家法术之中，隐形传物和穿墙之术可谓是古今中外对于穿越理论的两大经典概括。前者讲的是，通过量子信道"逃离"原子的电子，在科幻电影中的形象表达便是那些星际战士通过一个传送门，从某地突然消失，而瞬间出现在遥远空间的另一点；后者说的是道家的一种神秘法术，能让人自由地穿过凡人俗眼中的障碍物，比如《封神演义》中的土行孙、《聊斋志异》中的崂山道士。

诸葛无名在思想过程中的穿墙之法并没有他们那么神

奇，他只是在用有限的知识表达自己的想法，虽然有点将简单事情复杂化的嫌疑，但说的大多是些常识，并不新颖。所以，很有可能，许多人先一看书的标题很感兴趣，但看完全书后却表示"不够震撼"。的确，我所描述的就只是一个普通投资人的思想历程，而不是要为当下倍感生存压力的人们奉上一碗超越现实背景空谈心性问题的佛系鸡汤。

然而，我们有没有思考过，当我们在接受自己是个普通人的模样时，是否也应该为自己的心灵找寻一束照向未来的光。至于光从何处来、如何感知那光的力量，则可以是见仁见智的，而诸葛无名内心的那束光是思想的光辉，他以古今中外的思想为武器，以自己身处其中的俗世俗务俗情为切入口，以一种积极而又冷静的姿态进行着一个人的思想活动，既有所依持、又不乏创意地悄然穿行于各种思想观念之间，试图为自己找寻一处能够安身立命的精神堡垒和物质庇护所。

道家穿墙术的说法，讲究的是要心如止水、不动如山、力从外借、气由己发，那么，诸葛无名应该是初窥其精髓的，在这百年未有之大变局的时代背景下，他有所变也有所不变，变的是与时俱进的理财观念和方法，不变的是对精神世界的追求。他一方面依附于时代，清醒地自知自己是搭乘时代的快车而上升的那一批人，另一方面，他又以一个旁观者的心态在孤独中观察自己和他人。更重要的是，他渴望知识，却又不被具体的知识所束缚；他将那些他听来的点状的知识，以一种通识的理解贯通勾连在一起，运用于自己经世务实的生活之中；他对那些伟大的思想既靠近又疏离，他是我们从事思想活动中的同道者，同时，他又在肢解、拆分、脱离开学术语境的情况下，成为了某种我们所熟知之思想的陌生人。

当然，诸葛无名的穿墙之术也有失灵的时候，他在思想的过程中并非每次穿越都能成功。事实上，无论是何种意义上的穿墙术都不是随便可以使用的，而是有一些限制条件的。比如，隐形传物在理论上是可行的，但真正要实现人体的隐形传送，还有许多技术难题尚未解决。要练成道家的穿墙法术不仅需要吃得起苦，更需要心念纯正。总之，这种"穿"对人是有要求的，需要环境、际遇、能力、眼光等方面的配合。如果只是提不出任何有建设性思想框架的乱穿，不仅不能让人得到成长，还可能会形成一种反力，会带来副作用。

最后，如果一定要为诸葛无名思想过程的穿墙之法总结一个要诀的话，我想那应该就是"心不为形役"。其实，无论是于他还是于我，或是任何一个实践着的思想者而言，我们最后的选择何尝不都是心不为形所役吗？

事实上，在与他一道回溯、省思、整理其投资思路的过程中，我也体会到了一种未完成的开放状态于写作者和讲述者所共同带来的欣喜与刺激，这是一种彼此观看、相互关注、共同探寻的过程，也是互为镜子，各自都力图站在局外看局内自己的一种思想的流动与互鉴。这不同于我习以为常的学术研究，它是更加鲜活的、实际的、充满生机的，这种当下的、即时的交流，类似于苏格拉底的 *logos*，能让人致力于内心的理解、对智慧的追求。真正的学问难道不就应该是一场又一场生生不息的对话吗？

当然，这更在某种程度上提醒了我，时代需要大师的思想，更需要我们每一个人对自身生命的关注、思考、反省和深切的体悟。同时，还要意识到，其实我们的思考也是对现时代的问题的一种反应。诸葛无名在试图回答一些问题，尽管他不是标准答案；学者也在试图回答一些问题，尽管也不是标准答案。但是，作为历史中活着的人，我们每个人都在面对这个现实的时代的问题，我们也都在探寻自己的答案。

与时代相遇

应该说，我与诸葛无名的相遇，绝不是与时代风潮无关的、一种纯粹的个体性的遇见。在这个我们共同生活其中的时代里，正是因为有了诸葛无名这样的野生思想家，才使得那些看上去好像跟精神性没有关联的日常生活以及商业行为，能够成为一种精神性的生活。因为他的思想并不是在书斋里面完成的，而是在股市上、在市场调查中、在听讲和游学过程里，也在他日常的社会生活和家庭生活内部进行的。

当然，这种个人视角中所展示出来的时代场景和变化，可能是非系统非线性的，但历史无数次地告诫我们，小人物的亲身经历与所思所想或许也会在某个时刻突然让我们窥见一个大的时代。即使不是全景式的，也能感受到历史的车轮滚滚，看到世界的疾速变化。

诸葛无名出生在普通的中国农村，接受过正规的大学教育，然而其跨界投资的经历和独特的思维方式，使他的思想似乎完全来自个人的经验、理解甚至是想象。但是，其背后实际上有着一个时代大背景的支撑，他的叙述中所表露出来的，既有异于现代的传统品质，又有着一种明显的现代化叙事的关怀。

因此，我更愿意将诸葛无名的个案与这二三十年来，中国那些靠自己白手起家终有小成的若干个体投资者和小型企业家商人视为同一个群体，他们都是在为自己和家人解决了基本温饱并进阶中产阶级之后，力图为自己的成功找寻一个逻辑自洽的思想回路，于是，便会从最初的投钱、赚钱的简单想法中摆脱出来，结合整个行业的、国家的乃至世界的、国际的大趋势，去解释自己的投资创业之路。这时，他就需要找寻一些思想的源泉、某种解释的路径去表达自己超越个人的情怀和观照，然后，再重新落脚在具体投资的策略和行动中。

从他的叙述中，可以看到，诸葛无名的祖、父辈还没有从自然的束缚和各种压迫中完全解放出来，然而，当他脱离了那个具体的场景，中国农民也终于真正解决了温饱问题时，农村已不再是他生活的重心，可能也不再是中国社会的中心了。但是，那方水土以及亲人的亲情哺育、艰辛劳作却仍是他认识世界和深入生命记忆的源头，也仍然是中国人生存伦理的基本根据。[1]特别是中国农村中那种因着乡土经济、残存的宗法结构而来的，具有群体性和连带感的生活共同体，已对他的心灵世界产生了某种根深蒂固的塑形功效。

因此，诸葛无名对农村老家的情感，并非是普通城市中产阶层那样一种风花雪月式的乡愁，而是作为文化的根。虽然，故乡已不再是童年时的故乡，而已然成了异土。身处大都市的诸葛无名，任岁月波折，在他的精神内

1　按美国人类学家詹姆斯·C. 斯科特（James C. Scott）的观点，人类的生存伦理根植于农业社会的经济实践和社会交易之中。他的主要著作有：《马来西亚的政治意识形态》、《比较政治腐败》、《农民的道义经济学》、《弱者的武器》、《统治与抵抗的艺术》、《国家的视角》等。

核中，乡土所代表的传统文化却仍是内心深处的乡愁，一直挥之不去，成为一种寄托情感的符号、一种厚重而又无法割舍的情怀，同时也是他汲取活力的思想源泉。

但同时，乡土社会共同体中密切的情感交流和利益往来所带来的隐含的激烈摩擦和冲突，与城市生活所需要的冷静和距离感，这两者共同作用于诸葛无名，于是，他从现在工业社会的关系结构，回溯以往农业社会的关系结构；从当今中国的现实，穿越到伊斯坦布尔的王宫；从西方思想家的思考，到中国传统文化的落实……诸葛无名一次次从一个时间和空间脱离，走向另一个重构的时间和空间，打破知识分类带来的限制，享受思想的律动、体会穿越的快感……

于是，我在他身上看到了中国传统文化的教养、西方学科教育体系下的专业判断，以及处于各种复杂情况下决策判断的弹性。

追求意义，拒绝苟且

而在这一过程中，对精神性的追求始终是诸葛无名关注的重点，在对其投资过程的总结中，他往往给自己的行为一个超越的、非物质性的解释。力图把他对金钱、社会的思考上升到对人生、对哲学的思考层面。

　　我觉得，这也是中国近二十年来，由企业家、商人和白领所组成的那个中产阶层群体的一个重要特征。他们要么是传统文化的拥趸，要么是西方现代潮流的追随者，不过更多的是像诸葛无名那样的人，他们并无特别的偏好，而是抱着拿来主义的实用精神去接触和学习各类知识和思想，并不刻意突出某一家某一派的特征。他们中的许多人都可能如同诸葛无名一样"穿墙而过"，游走在各种思想与理论之间，这种姿态与其说是功利的，不如说更具有一种全球化时代各种知识和思想既各具特色又相互交融的特点，这表明他们追求的并不是某种特定的文化形态或传统，而是想把那些思想资源都转化为可以安顿自己身心的精神寄托。

　　笼而统之地说，外来的知识与思想让这个白领中产阶层中的一部分人既觉得新鲜刺激、感觉自己能跟上时代的潮流，又为其中那些善于思考者提供了一个反思的对象和参照系；而传统儒释道文化中所蕴含的某些观念，[1]则能够平衡单一的"消费至上"、"物质主义"的简单逻辑，使他们在头脑中达成一种微妙的平衡观念。

　　现代社会，无论是个人发展还是公司愿景，或是政策

1　比如有人认为，道家的无为而治是对完美领导力的最佳诠释，儒家思想中对管理体系的思考是可以在现代企业中加以借鉴的，而企业越做越大时就需要用佛家的空性和度人来把握进退及分寸，等等。

设计、国家规划，往往是通过科学和技术的手段来解决人的需要，这种对物质需要及满足的片面强调，正在给我们所赖以生存的环境和社会带来难以估量的破坏。如何将精神维度考虑在内，让物质与精神之间更具建设性地互动，越来越成为人们关注的要点。在承认精神追求具有主观性的同时，探索能在有关个人成长、人际关系和社会经济生活等各类问题中得以应用的精神原则和概念。

对此，诸葛无名的应对之策，并不是用某个具体的宗教或神秘的思想流派来指代自己的精神追求，他提到的是宽广意义上的信仰。换言之，他并不执着于信仰的表层描述，更不痴迷于各类神秘现象。但他却朦胧中感觉有一股非物质的力量在背后决定着人的选择和世间万物的运行，那力量让他心生敬畏，更让他在思想和行为的过程中，坚信"心念一定要纯正，否则法术不灵"。于是，他才可能如《聊斋志异》中那位修仙得道的高人一样，可以穿墙、可以心想事成；而不是像那位想要学道却不能吃苦的王七，不仅拜师学道没两天就打退堂鼓，最后回家还想给妻子炫耀穿墙术，结果撞了一头包。

同时，小富之后他也没有让自己的思维停滞不前，他曾说："坐在你面前的我，和坐在我面前的你，我们扪心自问一下：我们是始终保持一致的吗？我们就从来没有动摇过吗？我四十岁了，才刚刚发现我内心有一些东西变得稍微稳定了一点。"

这种不停地寻找，对于富有智识的人类来说是非常重要的一件事情。只有始终处于这个过程中，我们才能不断地趋近那个可能更加完美的理想之境。因此，他自觉地以一种孤独的旁观者的姿态审视自身和他者。在过去，孤独是人生失败的表现，是不为大多数人所习惯的。而在今天这样一个连成长都可以压缩的时代中，孤独似乎又成了一种奢侈，人们根本没有时间去感受孤独了。

唯有思想者才会自觉地拥抱孤独，因为只有主体的存在不依赖任何物质性的东西，灵魂才能是自由而无羁的。可以忍受孤独的人一定有着某种过人之处，那不仅仅是毅力或耐心，更重要的是他有一种把自己从纷扰的尘世与眼前的困境中抽离出来的能力。

然而，从本质上说，我们每个人在这个世界上又都是孤独的。一个人要想从孤独中解脱出来，有个看似矛盾却真正可行的方法，就是对自己的内在进行更深层次的省察。所以，笛卡尔的"我思故我在"是以孤独为前提的，叔本华的一生是孤独的一生，但却有一条叫"世界精神"的卷毛狗陪伴着他。而诸葛无名则幻想变成一只海鸥，不停脚地在思想的世界里到处游荡。

他这种面对世俗的世界仍渴求某种精神体验的姿态，使他能够超越自己的父母、环境和性格，也终于让他成为了他定义中的"英雄"。

当然，这种精神追求，在某种程度上，也反映出过去几十年中国思潮演化的某些特征与趋势，让我们看到了未来思想文化的发展趋势与社会空间之所在。

我相信，像诸葛无名那样，个体自觉地寻求真理、进行更深邃思考的做法，将成为一件越来越普遍的事情。曾有老板班的开办者预言，从现在到不久的将来，对于中国大量的民营企业家来说会是一个艰难的转型时期，因为靠各种方式赚快钱迅速致富的时期已经过去了，怎样的企业能够存活下来，很大程度上是靠企业家的思维方式和精神世界的构成来决定的。

知识付费与独立探寻

而知识付费的学习模式就是在这样一个时代背景下应运而生的，因为时代和中产阶层的需要，一方面，终身教育的理念普遍为人们所接受；另一方面，有钱有闲的现实也让他们有了更多精神层面的向往。

诸葛无名他们听讲的对象主要来自两个学者群体[1]：一

---

[1] 对于在访谈中出现的当代学者，无论是认识的还是不认识的，我对其的介绍性文字都来自百度百科，不带任何个人色彩或判断。而诸葛无名的评价也只限于他自己对课堂内容的理解，并非学术性评价。

是所谓的老三届，他们基本上都是"文革"结束恢复高考后开始本科或者研究生学习的一代学人，[1]他们中的许多人在进入大学之前就已经有了相当的社会经验，因此更加珍惜来之不易的学习机会，进入大学后，他们如饥似渴地学习各方面的知识，求知欲、好奇心以及社会抱负都极强。正因为他们有着那个时代赋予的特殊人生阅历，因此在其思考中往往带有更为深切的现实关怀，能够将理论与现实紧密结合；他们看待问题的视野也更加开阔，有着宏观广博的整体思维。于是，他们当仁不让地成为了进入 21 世纪后在中国遍地开花的各种老板班的首批讲授者，至今仍然人气不减。

另一个学者群体是 20 世纪 90 年代后成长起来的学者，他们与前者相比，显得更为学院派。因为他们是在国门打开后，从严格意义上讲，被系统培养、严格训练出来的学者。大多数人或曾海外留学，或至少有较长时间海外研习访学的经历；但他们又成长在中国经济能力提升、社会变革迅速，同时在思想上希望重新回归传统的时代。因

1　参见许金晶、孙海彦：《开山大师兄：新中国第一批文科博士访谈录》，江苏人民出版社，2019 年。"他们这一代学者，在从事学术生涯之前，有的做过工人，有的做过农民，他们深深地跟中国社会和土地紧密相连，这种相连性一方面赋予他们家国情怀和时代感，另一方面也让他们的研究具有温度和厚度。"在接受界面文化采访时，访谈录编录者之一许金晶如此说。参见：https://www.jiemian.com/article/2946354.html。

此兼具对两种学术体制和规范的了解，对中西两种思想资源的广泛接触，带给他们的不仅是广阔的知识面和视野，还有因遵循不同的学派和学术训练而多样的学术品味和个体差异。因此他们的讲授风格更注重各自学科的边界意识、强调学术的严谨性，他们专业的讲授内容和方式则让老板们接触到了一些新的名词、术语和领域。

随着互联网的普及，各类网络平台为以上的两个学者群体提供了一个相对更加宽松和自由的发言机会，进而网上知识付费模式的兴起，让其中的一部分学者找到了一种在自己学术能力之内既能展现才华学养又能掌握一部分社会话语权的方式。

而那些白领中产们，通过知识付费，经由一波波各类大师们的洗脑、种种经典书籍的阅读，不管是真的入脑入心还是装点门面，他们所拥有的知识都从粗糙到相对精细，从模糊到相对准确，从入门到相对进阶。于是，他们掌握的知识虽未必达到专业学者的程度，但却有了思考深刻问题的基础，一样能对这个世界进行解释，毕竟每个人都有资格用自己的方式去解读世界和人生。

这在社会快速更新的进程中显得尤为重要，因为，现在的人们一方面受惠于物质生活的改善，另一方面也积蓄了诸多不安的情绪，这是今天的一代人特有的心理焦虑。为了保护自己不要有心理创伤，获取知识或许是一个不错的自我保护措施。于是，很多人热衷于在豆瓣、喜马拉雅、得到、知乎等平台上选择喜欢的内容，利用碎片化时间去学习。[1]这样的生活方式，让他们变得不那么着急，他们中的许多人慢慢回到自身，找到理性，知道什么是更值得珍惜的了。然后，再重返正常的生活之中。

　　总之，无论是线上还是线下的知识付费模式都使得知识的传授、思想的碰撞不再局限于正式的教育体系之中。而无论是老一辈的学者还是现在正当青壮年的学者，他们在给老板班的学员上课时，也大多不会有一种听众完全无知的假设，而是默认讲者与听者有着一种见识上的平等。这种讲述方式，不会让人有居高临下的感觉，在涉及能够将理论与实际相结合的内容时，更容易让听者产生代入感、引起共鸣。

　　然而，知识付费所导致的碎片化学习方式同时也存在一

---

[1] 知识付费的兴起和发展，或许有三方面主要因素。"其一便是社会大环境的发展变化和人们生活水平的提高，越来越多的人追求精神层面的满足，获取知识正是充实精神的重要手段之一。"FT中文网撰稿人王鹏锟说，"其二便是新媒体带来的新的消费形式以及当下用户消费习惯的转变。通过媒体、视频音频以及社交等形式，在社交媒体中引爆和传播知识，刺激新的消费形式。"知识更新换代加快与竞争加剧导致的"知识焦虑"也是催生知识付费的重要因素。眼下，知识更新换代速度越来越快，各种信息比之前任何时代都更丰富，很多人面对海量信息在筛选、吸收以促进个人提升时，往往会产生"知识焦虑"。各行各业日益激烈的竞争又加剧了这种焦虑与需求。"而知识付费可以相对快速地获取信息和知识，正是满足了这种'知识焦虑'人群的心理。"王鹏锟说。参见：http://guoqing.china.com.cn/2019-10/17/content_75310037.htm。

些不可回避的问题，与系统正规的学习模式相比，它不浪费时间，可以各取所需。但因学习的不系统，也更容易断章取义，难以养成结构性的思维方式，让我们缺失深度思考的能力。许多人可能都曾有过这样的体验，看知乎、得到或某个公众号上的文章时，觉得自己终于找到了一个很有道理的说法，仿佛问题得到了解决，于是只恨自己怎么没早点看到。可过了一阵子，又发现一个新的方法或观点，看起来也很有道理，可是，为什么跟几天前看到的是相反的呢？

可见，知识服务的未来在哪里，还有待进一步的探索。不过，想要纯粹靠碎片化的学习方法来增长智识，不仅那些零散的知识点容易被遗忘，而且也无法获得对自己真正有帮助的思想。只有当精神性和价值性的关怀在学习者的背后起支撑作用，碎片的知识才能为人所用。

同时，调动我们的主观能动性也是十分必要的，因为如果读书或听讲时独立意志停摆，没有了自由思想，结果也许比不读书不听讲更糟。其实，无论是阅读还是听讲，如果无法入脑入心，那都只不过是重复他人的思维过程。叔本华曾说："如果不注意，我们读书时会把自己的脑子变成了别人思想的跑马场。"[1]真正的读书和听讲应该不是为了用于他人所规定的目的，而是为了自己独立的生命体

1　［德］叔本华：《叔本华美学随笔》之《论思考》第四节，韦启昌译，上海人民出版社，2009年。

验；不是为了寻找他人给出的答案，而是为了自己能有更大的思想自由。

显然，诸葛无名是一个心智敏感的人，他没有完全被知识付费所绑架，知识胶囊效果的来去迅速对他并不是太起作用。他只是把那些教授们当作了一个个知识的端口，他不是以一种僵化的学术方式去接受和运用知识，而是始终保持着独立探寻的指向，[1] 哪怕是以一种生吞活剥的方式在思想，哪怕说得支离破碎。在拼接知识的过程中，他力图寻找到那些思想跟他自己的关系，并由此产生出他自己的想象。他以穿越时空的思维方式去解决心与物、得与舍、自我与世界的关系。诸葛无名这种独立探寻真理的精神给我留下了尤其深刻的印象。他曾说过："老和尚扫地，小和尚也扫地，他们可能扫的是同样的地，但他们扫地的方式和想法又可能是不同的。"

这个比喻是他对自己如何编辑思想的一个方法论总结，他既不否认自己做的功课同其他人做的是一样的，又清醒地认识到他可以有自己的创新和独到之处。这也意味着，他力图保持独立思考的能力，为自己找寻某种安全的边际。他用探究事物本质的态度，跨学科、多领域地培养自己的眼光、以穿越的姿态从不同的知识中抽离出普适性

1　在康德所讲的思维三原则中，第一条原则就是独立思考，第二条是将心比心，站在别人的立场思考问题。第三条是一贯的思想。

的原理，再在投资领域中灵活运用。这就好比有多方面的专家同时在帮他出谋划策一样。

所谓条条大路通罗马，如果一个人知道了有五条、十条路能够到达罗马，那就不会因为其中的一条路断了而无计可施。

有人忧心忡忡，在这个知识碎片化的时代，我们该何去何从。但其实知识的繁多和碎化并不可怕，因为当今最重要的已不是纯粹的知识，而是知识的结构，以及如何形成知识结构的方式。更因为人们对思想的渴求不应仅限于求知，而应凭借思想塑造自己。让心灵的基本情绪找到一片适合的土壤。

自修与自在

我觉得，诸葛无名既是一个坚守自我、特立独行的人，又是一个听得进、放得开的人。从他身上，我看到的是精神与物质、理想与现实之间的界限并不像我们想象中的那么分明。他的身上有着一种不同时代的重叠感和复杂性，同时他又在有意识地保持自我。他力图把问题理清楚，再做事。然后，边反思边做。大局和框架对他很重要，不过，他也会注意随时修正。

在当今中国社会中，他属于一个受过高等教育，虽然不是学者、没有从事学术的活动，但一直热爱知识，习惯从中摄取力量的新兴的中产阶级群体。

可以说，诸葛无名本人就是一个时代的产物。他能够利用"他山之石"（各种哲学思想）来"攻玉"（金融），说明他是个学习能力很强、心灵很开放的人。

我知道，这本小书无法完全呈现出他"思想世界"的全貌，因为他在和我的交谈中，肯定隐藏了其他的想法，但仅就他描述的内容来看，他并没有盲目地仿造思想，也没有刻意、程式化地套用某种高大上的理论。他对于思想的态度，与其说是带有一种功能性的借用，莫如说他对此更具一种内在的需要。

我把这定义为一种"自修"（英文或作 selfcultivation）。在中国，自修是一个古老的概念，早在《礼记·大学》中就有"如琢如磨者，自修也"的说法，意为通过自身有意识的刻画雕琢来修养调适身心。这与今天普遍的节食塑身不同，因为那往往是让人不舒服的。而自修的方法应该是比较舒服的，但又不是随随便便的，它应该是一种感觉上的正确与普适，这与个人有关，也与集体有关。它要达成的目标则是自在自为。

在这个意义上，希望我们每个人都多拥有一些可以"穿墙而过"的力量，这或许也是当下人们理解心灵和精神的正确打开方式之一。

图书在版编目（CIP）数据

穿墙而过：一个个体投资者的思想世界/吴晓群著. —上海：
上海三联书店，2021. 12 重印
ISBN 978 - 7 - 5426 - 7247 - 6

Ⅰ. ①穿… Ⅱ. ①吴… Ⅲ. ①私人投资 Ⅳ. ①F830. 59

中国版本图书馆 CIP 数据核字（2020）第 217158 号

本书得到复旦大学历史学系科研出版经费资助

穿墙而过：一个个体投资者的思想世界

著　　者／吴晓群

责任编辑／徐建新
特约编辑／姚冰淳　张　亓
装帧设计／一本好书
监　　制／姚　军
责任校对／张大伟　王凌霄

出版发行／上海三联书店
　　　　　（200030）中国上海市漕溪北路 331 号 A 座 6 楼
邮购电话／021 - 22895540
印　　刷／上海惠敦印务科技有限公司

版　　次／2021 年 1 月第 1 版
印　　次／2021 年 12 月第 3 次印刷
开　　本／889×1194　1/32
字　　数／130 千字
印　　张／7. 5
书　　号／ISBN 978 - 7 - 5426 - 7247 - 6/F・825
定　　价／40. 00 元

敬启读者，如发现本书有印装质量问题，请与印刷厂联系 021 - 63779028